WISSENSCHAFTLICHE BEITRÄGE AUS DEM TECTUM VERLAG

Reihe Politikwissenschaften

WISSENSCHAFTLICHE BEITRÄGE
AUS DEM TECTUM VERLAG

Reihe Politikwissenschaften

Band 64

Romy Escher

Ökonomische Ungleichheit in Lateinamerika

Die politischen Bestimmungsfaktoren
einer ungerechten Verteilung

Tectum Verlag

Romy Escher

Ökonomische Ungleichheit in Lateinamerika.
Die politischen Bestimmungsfaktoren einer ungerechten Verteilung
Wissenschaftliche Beiträge aus dem Tectum Verlag:
Reihe: Politikwissenschaften; Bd. 64

ISBN: 978-3-8288-3572-6

ISSN: 1869-7186

Umschlagabbildung: shutterstock.com © GeorgeMPhotography

Printed in Germany

Besuchen Sie uns im Internet
www.tectum-verlag.de

Bibliografische Informationen der Deutschen Nationalbibliothek
Die Deutsche Nationalbibliothek verzeichnet diese Publikation in der Deutschen Nationalbibliografie; detaillierte bibliografische Angaben sind im Internet über http://dnb.ddb.de abrufbar.

Inhaltsverzeichnis

		Seite
	Abkürzungsverzeichnis	7
	Tabellen- und Abbildungsverzeichnis	9
1.	Einleitung	11
1.1	Spezifikation der Fragestellung	11
1.2	Aufbau der Arbeit	13
2.	Spezifikation der abhängigen Variablen: Ökonomische Ungleichheit	15
3.	Theoretischer Bezugsrahmen	19
3.1	Die Bedeutung politischer Institutionen für Politikinhalte	24
3.2	Die Bedeutung linker Parteien für Politikinhalte	26
3.3	Die Bedeutung geteilter Ideen politischer Akteure für Politikinhalte	29
4.	Darstellung des Forschungsstands	33
5.	Hypothesen	41
5.1	Der politische Regimetyp und ökonomische Ungleichheit	42
5.2	Linke Parteien und ökonomische Ungleichheit	44
5.3	Kontrollhypothesen	54
5.3.1	Ökonomische Entwicklung und ökonomische Ungleichheit	54

5.3.2 Ökonomische Abhängigkeit/Ökonomische Globalisierung und ökonomische Ungleichheit 56

5.3.3 Ökonomische Krisen und ökonomische Ungleichheit 59

6. Forschungsdesign 63

6.1 Untersuchungsform, -einheiten und -zeitraum 63

6.2 Operationalisierung der abhängigen Variablen 66

6.3. Operationalisierung der unabhängigen Variablen 68

6.3.1 Der politische Regimetyp 68

6.3.2 Der relative Anteil linker Parteien im Parlament 70

6.3.3 Operationalisierung der Kontrollvariablen 73

6.4 Datenbasis und Datenersetzungs- und -schätzverfahren 74

7. Niveau ökonomischer Ungleichheit in Lateinamerika 81

8. Determinanten ökonomischer Ungleichheit in Lateinamerika 85

8.1 Bivariate Regressionsanalyse 87

8.2 Multivariate Regressionsanalyse 91

9. Interpretation der Ergebnisse 103

10. Schlussfolgerung 107

11. Literaturverzeichnis 109

12. Anhang 127

Abkürzungsverzeichnis[1]

ARG	Argentinien
BIP	Bruttoinlandsprodukt
BOL	Bolivien
BRA	Brasilien
bzw.	Beziehungsweise
CHL	Chile
COL	Kolumbien
CRI	Costa Rica
CUB	Kuba
DOM	Dominikanische Republik
ECLAC	United Nations Economic Commission for Latin America
ECU	Ecuador
GTM	Guatemala
GUY	Guyana
HND	Honduras
HTI	Haiti
JAM	Jamaica
LIS	Luxembourg Income Study
MEX	Mexiko
NIC	Nicaragua
o. J.	ohne Jahr
o. S.	ohne Seite
PAN	Panama
PER	Peru

1 Länderkürzel nach UNSTATS (2013: o. S.).

PRY	Paraguay
SEDLAC	Socio-Economic Database for Latin America and the Caribbean
Sig.	Signifikanz
SLV	El Salvador
sog.	Sogenannt
SUR	Surinam
SWIID	Standardizing the World Income Inequality Database
TTO	Trinidad und Tobago
u. a.	und andere
URY	Uruguay
VEN	Venezuela
WIID	World Income Inequality Database
z. B.	zum Beispiel

Abbildungsverzeichnis

		Seite
Abbildung 1	Theoretisches Modell ökonomischer Ungleichheit	61
Abbildung 2	Entwicklung der Erklärungskraft des relativen Anteils linker Parteien im Parlament am Niveau ökonomischer Ungleichheit in Lateinamerika	103
Abbildung A1	Q-Q-Diagramm der standardisierten Residuen	131
Abbildung A2	Partielles Residuumstreudiagramm (Linke Parteien)	132
Abbildung A3	Partielles Residuumstreudiagramm (Ökonomische Entwicklung)	132

Tabellenverzeichnis

Tabelle 1	Operationalisierung der abhängigen und der unabhängigen Variablen	78
Tabelle 2	Niveau ökonomischer Ungleichheit nach Untersuchungsphase	82
Tabelle 3	Determinanten ökonomischer Ungleichheit im Länderdurchschnitt, 1980-1997 (Bivariate Regression)	88
Tabelle 4	Determinanten ökonomischer Ungleichheit im Länderdurchschnitt, 1998-2008 (Bivariate Regression)	90
Tabelle 5a	Politischer Regimetyp und ökonomische Ungleichheit im Länderdurchschnitt, 1980-1997 (Multivariate Regression)	92
Tabelle 5b	Politischer Regimetyp und ökonomische Ungleichheit im Länderdurchschnitt, 1980-1997 (Multivariate Regression)	93

Tabelle 6a	Politischer Regimetyp und ökonomische Ungleichheit im Länderdurchschnitt, 1998-2008 (Multivariate Regression)	94
Tabelle 6b	Politischer Regimetyp und ökonomische Ungleichheit im Länderdurchschnitt, 1998-2008 (Multivariate Regression)	95
Tabelle 7a	Linke Parteien und ökonomische Ungleichheit im Länderdurchschnitt, 1980-1997 (Multivariate Regression)	99
Tabelle 7b	Linke Parteien und ökonomische Ungleichheit im Länderdurchschnitt, 1980-1997 (Multivariate Regression)	100
Tabelle 8a	Linke Parteien und ökonomische Ungleichheit im Länderdurchschnitt, 1998-2008 (Multivariate Regression)	101
Tabelle 8b	Linke Parteien und ökonomische Ungleichheit im Länderdurchschnitt, 1998-2008 (Multivariate Regression)	102
Tabelle A1	Deskriptive Statistiken der unabhängigen Variablen, 1980-1997	127
Tabelle A2	Deskriptive Statistiken der unabhängigen Variablen, 1998-2008	128
Tabelle A3	Bivariate Korrelationen der unabhängigen Variablen, 1980-1997	129
Tabelle A4	Bivariate Korrelationen der unabhängigen Variablen, 1998-2008	130
Tabelle A5	Überprüfung auf Nichtlinearität des Effekts des politischen Regimetyps	132
Tabelle A6	Überprüfung auf Nichtlinearität des Effekts ökonomischer Entwicklung	132

1. Einleitung

1.1 Spezifikation der Fragestellung

Lateinamerika zeichnet sich im weltweiten Vergleich seit Beginn der statistischen Aufzeichnungen, neben Subsahara Afrika, als Region mit dem höchsten Niveau ökonomischer Ungleichheit aus (vgl. Lustig u. a. 2013: 129; Muno u. a. 2012: 7; Lopez/Perry 2008: 3f.; Morley 2001: 15). Allerdings bestehen zwischen den Ländern Lateinamerikas Unterschiede im Niveau ökonomischer Ungleichheit (vgl. Barozet 2011: 7; Lopez/Perry 2008: 3). Deskriptive Analysen der Entwicklung ökonomischer Ungleichheit in Lateinamerika stellen dabei fest, dass parallel zur Regierungsübernahme linker Parteien in vielen Ländern Lateinamerikas seit der Ende der 1990er Jahre - es wird von einem ‚Linksruck' gesprochen (vgl. Castañeda 2006: 28f.) -, auch das Niveau ökonomischer Ungleichheit in der Mehrheit der Länder Lateinamerikas reduziert werden konnte, sowie, dass „linke Regierungen eindeutig erfolgreicher [waren] als rechte" (Muno 2012: 61) (vgl. Muno 2012: 61; McLeod/Lustig 2011: 2; Montecino 2011: 2f.; Gasparini u. a. 2009: 10).

Die vorliegende Arbeit möchte daran anschließend untersuchen, inwiefern die Niveau-Unterschiede ökonomischer Ungleichheit zwischen den Ländern Lateinamerikas auf Politikunterschiede in Bezug darauf zurückzuführen sind, inwiefern Regierungen Einkommen umverteilen. Zur Erklärung der Niveau-Unterschiede ökonomischer Ungleichheit zwischen Entwicklungsländern[2] fokussiert die Mehrheit bisheriger Erklärungsmodelle empirischer Arbeiten - unter Bezug auf modernisierungstheoretische und weltsystemtheoretische Erklärungsansätze - auf ökonomische und demographische Faktoren (vgl. Ha 2012: 541ff.; Huber u. a. 2006: 944f.). Als einziger politischer Erklärungsfaktor wird der politische Regimetyp berücksichtigt (vgl. Huber u. a. 2006: 944). Dabei wird in den Sozialwissenschaften davon ausgegangen, dass „income inequality is a variable over which governments manifestly have control, if they choose to use it" (Ha 2012: 541). Die vorliegende Arbeit beschäftigt sich mit der Fragestellung, inwiefern der politische Regimetyp und der relative Anteil linker Parteien im Parlament zur

2 Einschließlich Schwellenländern

Erklärung der Niveau-Unterschiede ökonomischer Ungleichheit zwischen den Ländern Lateinamerikas beitragen. Die Fragestellung bezieht sich, anschließend an Huber u. a. (2006), auf Erklärungsmodelle, die sich zur Erklärung der Niveau-Unterschiede ökonomischer Ungleichheit zwischen den Industriestaaten empirisch bewährt haben (vgl. Huber u. a. 2006: 944f.). Diese nehmen an, dass ökonomische Ungleichheit nicht das zwangsläufige Resultat ökonomischer und demographischer Prozesse ist, sondern dass die Regierung Einfluss auf die Einkommensverteilung hat (vgl. McCarty/Pontusson 2009: 665; Brady/Leicht 2008: 79, 101; Bradley u. a. 2003: 195f.). Sie beziehen sich auf die politisch-institutionalistische Theorie und die Machtressourcentheorie und identifizieren innerhalb dieser - neben dem politisch-institutionalistischen Kontext der Regierung - die Regierungsbeteiligung linker Parteien als Determinanten dafür, in welchem Ausmaß Regierungen Einkommen umverteilen (vgl. McCarty/Pontusson 2009: 672f., 676f.; Brady/Leicht 2008: 78f.; Huber u. a. 2006: 944ff.; Crepaz 2002: 173ff.). Aufgrund der Datenverfügbarkeit bezieht sich die Fragestellung auf den relativen Anteil linker Parteien im Parlament.

Die sozialwissenschaftliche Beschäftigung mit der Fragestellung kann erstens damit begründet werden, dass sich bisher nur wenige empirische Arbeiten damit beschäftigt haben - Morgan/Kelly (2013a), Huber/Stephens (2012) und Huber u. a. (2006). Im Unterschied zu den bisherigen empirischen Analysen werden hier die Effekte des politischen Regimetyps und des relativen Anteils linker Parteien im Parlament auf ökonomische Ungleichheit sowohl für den Zeitraum von 1980 bis 1997 als auch für den Zeitraum von 1998 bis 2008 separat untersucht. Seit Ende der 1990er Jahre hat sich in Lateinamerika die vorherrschende Vorstellung von ökonomischer Entwicklung linker und rechter Regierungen bzw. politischer Akteure allgemein grundlegend verändert (vgl. Grugel/Riggirozzi 2012: 2f., 11; Roberts 2012: 13, 18; Birdsdall/Fukuyama 2011: 46; Arditi 2008: 71f.; Margheritis/Pereira 2007: 25f.; Panizza 2005: 718). In Bezug darauf, inwiefern Regierungen Einkommen umverteilen, ist zu berücksichtigen: Die Vorstellungen von ökonomischer Entwicklung beziehen sich auf das angemessene Verhältnis zwischen Staat und Markt zur Steuerung der Wirtschaft (vgl.

Krugman 1996). Staatliche Einkommensumverteilung impliziert dabei einen Eingriff des Staates in die Wirtschaft.

Zweitens kann die sozialwissenschaftliche Beschäftigung mit der Fragestellung politisch-praktisch begründet werden. Zum einen kommen sozialwissenschaftliche Arbeiten zu dem Ergebnis, dass ein hohes Niveau ökonomischer Ungleichheit mit einem geringen Wirtschaftswachstum (vgl. Shin 2012: 2056; Easterly 2002: 32f.) und einem hohen Niveau von Armut (vgl. De Ferranti u. a. 2004: 25ff.; Besley/Burgess 2003: 11) einhergeht. Hinsichtlich letzterem wurde berechnet, dass wenn das Niveau ökonomischer Ungleichheit in Lateinamerika gleich dem in Europa wäre, der Anteil der Menschen, die in Armut leben, um die Hälfte reduziert werden könne (vgl. Lopez/Perry 2008: 2; Besley/Burgess 2003: 11). Zum anderen wird ein niedriges Niveau ökonomischer Ungleichheit innerhalb der Gesellschaften Lateinamerikas als Wert an sich betrachtet (vgl. De Ferranti u. a. 2004: 24f.). Die vorliegende Arbeit beschäftigt sich dabei damit, inwiefern Regierungen in Bezug auf das Niveau ökonomischer Ungleichheit einen Unterschied machen können: "The knowledge of which policy and institutional configurations are most equity enhancing can empower actors to work toward strengthening such institutions and supporting such agents and policies" (Huber u. a. 2006: 945).

1.2 Aufbau der Arbeit

Zur Beantwortung der Fragestellung wird zunächst die abhängige Variable ‚ökonomische Ungleichheit' auf das Ausmaß der Ungleichheit in der Verteilung des verfügbaren Einkommens zwischen Individuen eines Landes spezifiziert (*Kapitel 2*). Anschließend wird zum einen die Berücksichtigung des Tun und Lassens von Regierungen in Bezug auf die Einkommensverteilung zwischen den Ländern Lateinamerikas zur Erklärung der Niveau-Unterschiede ökonomischer Ungleichheit begründet (*Kapitel 3*). Zum anderen wird das Heranziehen der politisch-institutionalistischen Theorie, der Machtressourcentheorie und des Ideen-Ansatzes dafür begründet. Die theoretischen Ansätze werden dann zusammenfassend dargestellt (*Kapitel 3.1-3.3*). Auf der der Basis der theoretischen Überlegungen und der Resultate bisheriger empirischer Arbeiten (*Kapitel*

4) wird ein Zusammenhang zwischen dem politischen Regimetyp und der Regierungsbeteiligung linker Parteien auf der einen Seite und ökonomischer Ungleichheit auf der anderen Seite begründet (*Kapitel 5.1-5.2*). Zur Beantwortung der Fragestellung werden bi- und multivariate Querschnittsregressionen berechnet. Diese ermöglichen es, Aussagen über die Stärke des Effekts des politischen Regimetyps und aufgrund der Datenverfügbarkeit des relativen Anteils linker Parteien im Parlament auf ökonomische Ungleichheit zu machen. Anhand der Durchführung wiederholter Querschnittsregressionen der Durchschnittswerte des Zeitraums von 1980 bis 1997 und des Zeitraums von 1998 bis 2008 wird die Abhängigkeit des Effekts des relativen Anteils linker Parteien im Parlament von der vorherrschenden Vorstellung ökonomischer Entwicklung getestet. Aufgrund der geringen Fallanzahl (N=24) wird in den multivariaten Regressionsanalysen die Stabilität des bivariaten Effekts des politischen Regimetyps und des relativen Anteils linker Parteien im Parlament im paarweisen Vergleich mit ökonomischen und demographischen Erklärungsfaktoren analysiert. Dafür werden Kontrollhypothesen auf der Basis alternativer theoretischer Ansätze zur Erklärung ökonomischer Ungleichheit und bisheriger empirischer Resultate formuliert (*Kapitel 5.3.1-5.3.3*). Aufgrund der Abhängigkeit der Resultate von der Vorgehensweise wird zunächst die Auswahl der Untersuchungseinheiten und des Untersuchungszeitraums sowie die Datenbasis und Operationalisierung der abhängigen und unabhängigen Variablen begründet (*Kapitel 6*). Anschließend werden die Resultate der Regressionsanalysen dargestellt (*Kapitel 8*) und in Bezug auf die Fragestellung interpretiert (*Kapitel 9*).

2. Spezifikation der abhängigen Variable: Ökonomische Ungleichheit

Mit ‚ökonomischer Ungleichheit' als abhängige Variable beschäftigt sich die vorliegende Arbeit mit einem Teilaspekt sozialer Ungleichheit (vgl. Schmidt 2010: 819; Mills 2009: 2; Schürz/Schlager 2009: 9, 12). Soziale Ungleichheit wird definiert als der gesellschaftlich bedingte ungleiche Zugang von Individuen und Gruppen zu gesellschaftlich als erforderlich, wünschenswert und/oder erstrebenswert betrachteten materiellen und immateriellen Gütern (vgl. Ernst/Losada 2010: 10; Schmidt 2010: 819; Hradil 2005: 27ff.; Schultze 2005b: 1050). Sie bezieht sich damit auf die Verschiedenheit von Individuen und Gruppen in Bezug auf Merkmale, die aus gesellschaftlichen Gegebenheiten resultieren, in Abgrenzung zu Merkmalen, die naturgegeben sind (vgl. Schmidt 2010: 819; Schultze 2005b: 1050). Dabei wird zwischen Verteilungsungleichheit, d. h. der ungleichen Verteilung materieller und immaterieller Ressourcen zwischen Individuen und Gruppen, und Chancenungleichheit, d. h. der ungleichen „Möglichkeiten [...], an vorteilhafte oder nachteilige Stellen innerhalb solcher Verteilungen zu gelangen" (Hradil 2012: o. S.), unterschieden (vgl. Hradil 2012: o. S.; Platt 2011: 7). Die vorliegende Arbeit bezieht sich auf Verteilungsungleichheit[3]. Mit ökonomischer Ungleichheit als abhängige Variable fokussiert sie auf die gesellschaftlich bedingte ungleiche Verteilung ökonomischer Ressourcen zwischen Individuen und Gruppen (vgl. Jenkins/van Kerm 2009: 42; Champernowne/Cowell 1998: 2). Als zentrale ökonomische Ressourcen werden Einkommen und Vermögen betrachtet (vgl. Salverda u. a. 2009: 8; Champernowne/Cowell 1998: 2). "The distribution of income (or earnings) [...] would certainly be seen as the core of economic inequality [...] The accumulated stock of wealth also constitutes a key economic resource" (Salverda u. a. 2009: 8). Aufgrund der Datenverfügbarkeit (vgl. Birdsdall u. a. 2011: Fußnote 4) wird hier die abhängige Variable auf die ungleiche Verteilung des Einkommens zwischen Individuen bezogen.

3 „[T]he concept of opportunity is difficult to define and measure, and hence in practice it is usually abandoned in favor of the analysis of inequality in outcome variables" (De Ferranti u. a. 2004: 36).

In den Sozialwissenschaften wird zwischen innerstaatlicher, zwischenstaatlicher und globaler Einkommensungleichheit differenziert (vgl. Greig u. a. 2007: 2ff.; UNDP 2003: 39). Die abhängige Variable bezieht sich hier auf innerstaatliche Einkommensungleichheit, d. h. der ungleichen Verteilung des Einkommens zwischen den Individuen innerhalb eines Landes. Dies kann damit begründet werden, dass die vorliegende Arbeit Aussagen darüber machen will, inwiefern Politikunterschiede der Länder Lateinamerikas zur Erklärung der Niveau-Unterschiede ökonomischer Ungleichheit zwischen ihnen beitragen können. "National income inequality is the concept used for country-level analysis. This concept is suitable for analyzing the correlation between a country's policies [...] and its distribution of income" (UNDP 2003: 39). Damit grenzt sich die vorliegende Arbeit von wissenschaftlichen Arbeiten ab, die sich mit globaler Ungleichheit, d. h. Ungleichheit zwischen Individuen weltweit oder zwischenstaatlicher Ungleichheit, d. h. den Unterschieden zwischen Ländern im durchschnittlichen Pro-Kopf-Einkommen beschäftigen (vgl. UNDP 2003: 39).

Die abhängige Variable wird in der vorliegenden Arbeit schließlich bezogen auf Ungleichheit im verfügbaren Einkommen (Nettoeinkommen) in Abgrenzung zu sozialwissenschaftlichen Arbeiten, die sich mit Ungleichheit im Markteinkommen (Bruttoeinkommen) beschäftigen - z. B. Morgan/Kelly (2013a). Markteinkommen "is the total revenue from labor and investments, and constitutes the primary source of household income. The inequality of its distribution reflects the dispersion of wages and salaries among employees" (Brandolini/Smeeding 2009: 78). Verfügbares Einkommen "is obtained from market income by adding interhousehold cash transfers and public transfers, and by subtracting taxes and employees' social insurance contributions" (Brandolini/Smeeding 2009: 82). Da es hier darum geht, inwiefern Politikunterschiede zur Erklärung des Niveaus der Einkommensungleichheit beitragen, ist Ungleichheit im verfügbaren Einkommen Ungleichheit im Markteinkommen als zu erklärende Variable vorzuziehen. Regierungen haben Einfluss auf die Ungleichheit im Markteinkommen durch die Regulierung des Marktes (z. B. Mindestlöhne), die Produktion von Individuen mit einem sehr geringen bzw. keinem Markteinkommen (z. B. Bezieher von Renten) sowie Investitionen in Bildung, Gesundheit und Ausbildung der Bürger - was die Einkommensungleichheit insofern beeinflusst, als es die Chancen der Bürger auf dem Arbeitsmarkt beeinträchtigt (vgl. Huber/Stephens 2012: 37f.; Esping-Andersen/Myles 2009: 640). Im Vergleich zum Markteinkommen berücksichtigt das verfügbare Einkommen auch die staatliche Umverteilung von Einkommen durch Sozialausgaben und Steuern (vgl. Ha 2012: 553). „The key to redressing inequality of market income is the system of taxes and transfers" (Huber 2009: 652). *Insgesamt* wird die abhängige Variable ‚ökonomische Ungleichheit' damit als die Höhe der Ungleichheit in der Verteilung des verfügbaren Einkommens zwischen den Individuen in einem Land definiert[4].

4 Im Folgenden werden die Begriffe ökonomische Ungleichheit, Einkommensungleichheit und Ungleichheit entsprechend dieser Definition synonym verwendet.

3. Theoretischer Bezugsrahmen

Die vorliegende Arbeit möchte untersuchen, inwiefern Politikunterschiede in Bezug auf Einkommensumverteilung durch die Regierung zu der Erklärung der Varianz ökonomischer Ungleichheit in Lateinamerika beitragen. Anhand der Diskussion bestehender Erklärungsmodelle der Varianz ökonomischer Ungleichheit wird in diesem Kapitel zunächst begründet, dass zur Erklärung der Niveau-Unterschiede ökonomischer Ungleichheit zwischen den Ländern Lateinamerikas, das Tun und Lassen von Regierungen, zu berücksichtigen ist. Daran anschließend wird das Heranziehen der politisch-institutionalistischen Theorie, der Machtressourcentheorie und des Ideen-Ansatzes nach Goldstein/Keohane (1993) dafür begründet. Die theoretischen Ansätze werden dann zusammenfassend dargestellt (*Kapitel 3.1-3.3*), um auf der Basis der theoretischen Überlegungen und den Resultaten bisheriger empirischer Analysen (*Kapital 4*) Hypothesen abzuleiten (*Kapitel 5*).

Bisher wurden keine theoretischen Ansätze entwickelt, die sich explizit mit der Erklärung der Niveau-Unterschiede ökonomischer Ungleichheit zwischen den Ländern Lateinamerikas beschäftigen (vgl. Huber u. a. 2006: 943). In Bezug auf die Erklärung der Varianz ökonomischer Ungleichheit zwischen Entwicklungsländern bezieht sich die Mehrheit der Erklärungsmodelle bisheriger empirischer Analysen auf die theoretische Diskussion zwischen Modernisierungstheorie und Weltsystemtheorie, ob ökonomische Ungleichheit durch innerstaatliche (interne) ökonomische und demographische Faktoren oder internationale (externe) ökonomische Faktoren bestimmt wird (vgl. Mahutga u. a. 2011: 279f.; Lee u. a. 2007: 77; Huber u. a. 2006: 944; Lee 2005: 158). Modernisierungstheoretische Erklärungsansätze ökonomischer Ungleichheit nehmen an, dass alle Länder den gleichen Prozess ökonomischer Entwicklung, definiert als die Transformation von Agrar- zu Industriegesellschaften, durchlaufen (vgl. Nielsen 1994: 654). Sie beziehen sich auf Kuznets (1955), der in einer Längsschnittanalyse von Deutschland, Großbritannien und den USA einen nichtlinearen Zusammenhang zwischen ökonomischer Entwicklung und der Einkommensungleichheit in Form eines umgedrehten ‚U' feststellt (vgl. Nielsen/Alderson 1995: 675; Nielsen 1994: 654). Daran anschließend nehmen sie an, dass während der Industrialisierung die Ungleichheit zunächst ansteige, ab einem bestimmten Niveau ökonomischer Entwicklung aber wieder fallen würde (vgl. Nielsen/Alderson 1995: 675; Nielsen 1994: 654). Länderunterschiede ökonomischer Ungleichheit werden demnach darauf zurückgeführt, dass die Länder sich auf einem unterschiedlichen Niveau ökonomischer Entwicklung befinden (vgl. Mahutga u. a. 2011: 279; Alderson/Nielsen 1999: 607f.). Dabei werden innerhalb modernisierungstheoretischer Erklärungsansätze auch die Effekte langfristiger demographischer - Bildungsgrad und Bevölkerungsstruktur - und institutioneller Veränderungen - Demokratisierung -, die mit der ökonomischen Entwicklung einhergehen würden, auf Ungleichheit problematisiert (vgl. Alderson/Nielsen 1999: 608; Nielsen 1994: 655ff.). Eine andere Erklärung findet sich in der Perspektive der Weltsystemtheorie. Sie betrachtet Eigenschaften von Ländern als nur verstehbar vor dem Hintergrund ihrer jeweiligen Position innerhalb der kapitalistisch organisierten Weltökonomie (vgl. Nölke 2010: 346f.; Wallerstein 2007: X). Anschließend an Dependenztheorien geht sie davon aus, dass die Weltökonomie durch eine internationale Arbeitsteilung[5] zwischen den dominierenden Industriestaaten (Zentrum) und den von ihnen abhängigen Entwicklungsländern (Peripherie) gekennzeichnet ist (vgl. Nölke 2010: 348; Bornschier 1983: 11). Der ökonomische Austausch zwischen ihnen verlaufe aufgrund der Abhängigkeit der Länder in der Peripherie ungleich zugunsten des Zentrums, so dass er u. a. zu Ungleichheit in der Peripherie beitrage (vgl. Schirm 2013: 20f.; Nölke 2010: 348; Chase-Dunn 1975: 720). Länderunterschiede ökonomischer Ungleichheit werden innerhalb des weltsystemtheoretischen Erklärungsansatzes ökonomischer Ungleichheit damit auf den Grad ökonomischer Abhängigkeit zurückgeführt (vgl. Bornschier 1983: 11ff.; Chase-Dunn 1975: 725f.). In der theoretischen Diskussion hinsichtlich den Konsequenzen der Globalisierung wird die These des weltsystemtheoretischen Erklärungsansatzes, dass ein Zusammenhang zwischen internationalen ökonomischen Austausch

5 In den Ländern des Zentrums würden Produktionsprozesse stattfinden, „die anspruchsvollere Fähigkeiten und einen höheren Kapitaleinsatz erfordern" (Nölke 2010: 348), während die Länder der Peripherie insbesondere Rohstoffe in das Zentrum exportieren würden (vgl. Nölke 2010: 348f.).

und Ungleichheit besteht, aufgegriffen und die ökonomische Globalisierung als Erklärungsfaktor von Ungleichheit thematisiert (vgl. Ha 2012: 541; Bussmann u. a. 2005: 286f.). Insgesamt bezieht sich die Mehrheit der Erklärungsmodelle bisheriger empirischer Analysen der Niveau-Unterschiede ökonomischer Ungleichheit zwischen Entwicklungsländern damit hauptsächlich auf ökonomische und demographische Faktoren. Als einziger politischer Erklärungsfaktor ökonomischer Ungleichheit wird der politische Regimetyp im Sinne eines Demokratie-Autokratie Vergleichs berücksichtigt (vgl. Huber u. a. 2006: 944). Dabei wird innerhalb der Modernisierungstheorie ökonomische Entwicklung als dem politischen Regimetyp kausal vorgelagert betrachtet (vgl. Brady/Leicht 2008: Fußnote 79).

Bestehende Erklärungsmodelle ökonomischer Ungleichheit vernachlässigen damit weitgehend mögliche politische Erklärungsfaktoren (vgl. Huber u. a. 2006: 944). Politik wird hier als die „Regelung der gemeinsamen Angelegenheiten eines Gemeinwesens durch allgemein verbindliche Entscheidungen" (Fuchs/Roller 2007: 205) definiert. Die Regierung kann als zentraler Akteur hinsichtlich kollektiv verbindlicher Entscheidungen betrachtet werden (vgl. Jahn 2013: 60). Dabei kann erstens angenommen werden, dass „[i]ncome inequality is a variable over which governments manifestly have control, if they choose to use it" (Ha 2012: 541). Regierungen können durch Umverteilung z. B. durch Steuern und Zuschüsse Einfluss auf die Einkommensverteilung nehmen (vgl. Ha 2012: 541; Almond u. a. 2008: 6; De Ferranti u. a. 2004: 23). "[G]overnments inevitably affect the distribution of disposable household incomes through the need to finance their operations" (De Ferranti u. a. 2004: 23). Zweitens kann ein von ökonomischen Faktoren unabhängiger Effekt der Regierung auf Ungleichheit erwartet werden. Oatley (2012) argumentiert, dass unter Bedingungen der Ressourcenknappheit, kollektiv verbindliche Entscheidungen eine Wahl zwischen mehreren möglichen Handlungsalternativen implizieren (vgl. Oatley 2012: 5f.). Dabei wird festgestellt, dass in Lateinamerika „[t]here is no general agreement on the need for reducing inequality and on the nature of the remedies" (Huber 2005: 1). „Historically, all societies market or not, have preserved economic inequality. The barrier to greater income and wealth equality in real world market-oriented systems is not any internal logic. [...] In principle, governments can redistribute income and wealth and repeat the redistribution as frequently as wished. Their disinclination to do so requires a political explanation rather than reference to market forces" (Lindblom 1977: 44). Es liegen nur unzureichend Daten der Politikinhalte (policy outputs), d. h. des Inhalts allgemein verbindlicher politischer Entscheidungen (vgl. Jahn 2013: 132), lateinamerikanischer Regierungen bezüglich ökonomischer Ungleichheit vor. Deshalb werden in der vorliegenden Arbeit zur Analyse, inwiefern die Politikunterschiede hinsichtlich der Einkommensumverteilung dazu beitragen, die Niveau-Unterschiede ökonomischer Ungleichheit in Lateinamerika zu erklären, theoretische Ansätze herangezogen, die sich mit dem „Tun und Lassen von Regierungen" (Schmidt 2003: 261) bzw. der Erklärung der Länderunterschiede von Politikinhalten beschäftigen.

Zur Selektion relevanter theoretischer Erklärungsansätze von Politikinhalten in Bezug auf die Einkommensumverteilung, wird anschließend an Ha (2012) und Huber u. a. (2006) auf Erklärungsmodelle empirischer Analysen Bezug genommen, die sich zur Erklärung der Niveau-Unterschiede ökonomischer Ungleichheit zwischen den Industrieländern empirisch bewährt haben (vgl. Ha 2012: 542; Huber u. a. 2006: 944f.). Diese nehmen an, dass Ungleichheit nicht das zwangsläufige Ergebnis ökonomischer und demographischer Prozesse ist (vgl. McCarty/Pontusson 2009: 665; Brady/Leicht 2008: 79, 101; Bradley u. a. 2003: 195f.). Die Regierung könne das Niveau ökonomischer Ungleichheit beeinflussen. Sie berücksichtigen neben ökonomischen und demographischen Determinanten ökonomischer Ungleichheit unter Bezug auf die politisch-institutionalistische Theorie und die Theorie der Machtressourcen der Vergleichenden Staatstätigkeitsforschung, die sich mit der Erklärung von Politikinhalten befassen (vgl. Schmidt 1993: 371f.), den politisch-institutionellen Kontext und die Regierungsbeteiligung linker Parteien "to account for variations in the degree to which governments redistribute income" (Bradley u. a. 2003: 195) (vgl. McCarty/Pontusson 2009: 672f.; 676f.; Brady/Leicht 2008: 78f.; Huber u. a. 2006: 944ff.; Crepaz 2002: 173ff.). Daran anschließend werden zur Erklärung der Varianz ökonomischer Ungleichheit in Lateinamerika innerhalb der politisch-institutionalistischen Theorie und der Machtressourcentheorie der politisch-institutionelle Kontext und die Regierungsbeteiligung linker Parteien als Determinanten staatlicher Umverteilung herausgearbeitet.

Roberts (2012) argumentiert, dass hinsichtlich des Zusammenhangs zwischen der Regierungsbeteiligung linker Parteien und Ungleichheit zu berücksichtigen ist, dass sich seit Ende der 1990er Jahre die öffentlichen Politiken von linken und rechten Regierungen in Lateinamerika grundlegend verändert haben: „a shift from the politics of market-based structural adjustment to a new, post-adjustment era in which the social problems of poverty and inequality have returned to a prominent place on the democratic agenda [...] For most of the 1980s and 1990s, these social problems were relegated to the margins of a political agenda that was dominated by issues of debt-fuelled austerity, stabilization, state retrenchment and market liberalization" (Roberts 2012: 1) (vgl. Roberts 2012: 1; Sodaro 2008: 375). Boschi/Gaitán (2009) argumentieren, dass dies auf einen Wandel der Vorstellung von ökonomischer Entwicklung der Regierungen in Lateinamerika zurückzuführen ist (vgl. Boschi/Gaitán 2009: o. S.). Es besteht weitgehend Einigkeit, dass sich seit Ende der 1990er Jahre die dominierenden Ideen, wie ökonomische Entwicklung zu erreichen ist, unter den politischen Akteuren in Lateinamerika verändert haben (vgl. Grugel/Riggirozzi 2012: 2f, 11; Roberts 2012: 13, 18; Birdsdall/Fukuyama 2011: 46; Arditi 2008: 71f.; Margheritis/Pereira 2007: 25f.; Panizza 2005: 718). Aufgrund der Datenverfügbarkeit können hier Ideen nicht als eigenständiger Erklärungsfaktor berücksichtigt werden. Anhand der Analyse der Stabilität der Periodeneffekte linker Parteien werden die dominierenden Vorstellungen von ökonomischer Entwicklung als Erklärungsfaktor berücksichtigt. Zur Herausarbeitung kognitiver Ideen für Politikinhalte wird der Ideen-Ansatz nach Goldstein/Keohane (1993) herangezogen. Dieser befasst sich, wie auch die politisch-institutionalistische Theorie und die Machtressourcentheorie, mit der Erklärung von Politikinhalten.

Im Folgenden wird zunächst die politisch-institutionalistische Theorie zusammenfassend dargestellt. Die Mehrheit bisheriger Erklärungsmodelle ökonomischer Ungleichheit berücksichtigt mit dem politischen Regimetyp einen politisch-institutionellen Kontext als einzigen politischen Faktor ökonomischer Ungleichheit. Innerhalb der politisch-institutionalistischen Theorie kann begründet werden, neben dem politisch-institutionellen Kontext die Präferenzen politischer Akteure - hier linker Parteien - zu berücksichtigen.

3.1 Die Bedeutung politischer Institutionen für Politikinhalte

Um zu berücksichtigen, inwiefern Regierungen Einkommen umverteilen, wird, anschließend an Erklärungsmodelle der Niveau-Unterschiede ökonomischer Ungleichheit zwischen den Industriestaaten, die politisch-institutionalistische Theorie der Vergleichenden Staatstätigkeitsforschung herangezogen. Ihre zentrale Aussage, dass Politikinhalte durch politische Institutionen geprägt werden, wird im Folgenden herausgearbeitet (vgl. Zohlnhöfer 2008: 161; Schmidt/Ostheim 2007: 63; Schmidt 1993: 378, 380).

March/Olsen (1998) definieren Institutionen als „a relative stable collective of practices and rules defining appropriate behavior for specific groups of actors in specific situations“ (March/Olsen 1998: 948), die informell oder formell sein können und sich durch eine langfristige Wirkung auf das Verhalten von Individuen auswirken (vgl. Peters 2005: 29; March/Olsen 1989: 22f.). Die politisch-institutionalistische Theorie bezieht sich dabei auf „interpersonelle formelle oder informelle Regeln und Normen“ (Schmidt/Ostheim 2007: 63) in politischen Interaktionen (vgl. Schmidt/Ostheim 2007: 63; Schneider/Janning 2006: 82; Schmidt 1993: 378f.). Sie beschäftigt sich insbesondere mit formellen und informellen Regeln und Normen, die sich auf die Ausgestaltung von politischen Willensbildungs- und Entscheidungsprozessen beziehen (vgl. Schneider/Janning 2006: 82). Die politische-institutionalistische Theorie versteht politische Institutionen als das Ergebnis vergangener politischer Entscheidungen. Innerhalb der politisch-institutionalistischen Theorie kann damit eine Varianz politischer Institutionen zwischen Ländern erwartet werden, da politische Institutionen als „historisch-kulturell bedingt kontingent und variabel“ (Schmidt 1993: 378f.) betrachtet werden (vgl. Schmidt/Ostheim 2007: 63; Schmidt 1993: 378f.).

Inwiefern können diese Unterschiede des politisch-institutionellen Kontexts zur Erklärung von Politikinhalten beitragen? Entsprechend der „logic of consequentiality" (March/Olsen 1989: 160) wird in der politisch-institutionalistischen Theorie davon ausgegangen, dass die Regierung versucht, ihre gegebenen Policy-Präferenzen entsprechend einer instrumentellen Rationalität möglichst maximal durchzusetzen. Die politisch-institutionalistische Theorie begründet dann die Bedeutung politischer Institutionen auf Politikinhalte damit, dass sie den Handlungsspielraum der Regierung beeinträchtigen. Denn politische Institutionen würden darauf Einfluss nehmen, wer an politischen Entscheidungsprozessen teilnimmt und/oder die Kompetenzen und Ressourcen der Regierung bestimmen. Damit „wirken [Institutionen] wie ein Filter für das Handeln: Sie ermöglichen bestimmte Problemlösungen und erschweren oder verunmöglichen andere" (Schmidt/Ostheim 2007: 63). (vgl. Zohlnhöfer 2008: 160; Schmidt/Ostheim 2007: 63)

Daraus folgt auch, dass politische Institutionen alleine Politikinhalte nicht erklären können, da sie „lediglich Gelegenheitsstrukturen [bieten], sie ermöglichen oder erschweren bestimmte Reformpfade, aber sie determinieren nicht das Handeln der in ihnen agierenden politischen Entscheidungsträger" (Zohlnhöfer 2008: 161). Politische Institutionen wirken „nicht alleine [auf Politikinhalte], sondern erst durch die Nutzung oder Befolgung durch die politischen Akteure" (Schmidt/Ostheim 2007: 70). Damit kann neben politischen Institutionen die Berücksichtigung politischer Akteure begründet werden. Die politisch-institutionalistische Theorie wird dabei als anschlussfähig an andere theoretische Erklärungsansätze der Vergleichenden Staatstätigkeitsforschung betrachtet. Erklärungsmodelle ökonomischer Ungleichheit in den Industriestaaten beziehen sich in diesem Zusammenhang auf die Machtressourcentheorie, um zu berücksichtigen, inwiefern Regierungen als zentrale Akteure in Bezug auf Politikinhalte, Einkommen umverteilen. Anschließend daran werden im Folgenden innerhalb der Machtressourcentheorie linke Parteien als relevante politische Akteure für Politikinhalte herausgearbeitet. (vgl. Zohlnhöfer 2008: 161; Schmidt/Ostheim 2007: 69ff.)

3.2 Die Bedeutung linker Parteien für Politikinhalte

Es wird zwischen einer pluralismustheoretischen und einer kritischen bzw. klassensoziologischen Machtressourcentheorie unterschieden (vgl. Schmidt/Ostheim 2007: 41; Schmidt 1993: 377). Die vorliegende Arbeit bezieht sich anschließend an die Erklärungsmodelle ökonomischer Ungleichheit in den Industrieländern auf die kritische Variante der Machtressourcentheorie. Sie basiert auf theoretischen Überlegungen zur Erklärung der Entwicklung des Wohlfahrtsstaates von Walter Korpi (1983). Im Folgenden wird ihre zentrale Aussage, dass Politikinhalte durch die Regierungsbeteiligung linker Parteien bestimmt sind, herausgearbeitet. Da die Machtressourcentheorie ihre Geltung auf westliche entwickelte Demokratien beschränkt (vgl. Ostheim/Schmidt 2007: 48), wird anschließend ihre Übertragung auf Lateinamerika begründet.

Die Machtressourcentheorie nimmt erstens an, dass Gesellschaften durch eine Klassenstruktur gekennzeichnet sind, d. h. durch gesellschaftliche Gruppen (soziale Klassen) „as categories of individuals who share similar positions, or situations, in labor markets and in employment relations“ (Korpi 2006: 174), - Arbeiter und Kapitalbesitzer (vgl. Ostheim/Schmidt 2007: 40; Korpi 2006: 174). Aus der unterschiedlichen ökonomischen Situation der sozialen Klassen folgen nach der Machtressourcentheorie entgegengesetzte materielle wirtschaftliche und soziale Interessen auch in Bezug auf die Gestaltung der Staatstätigkeit (vgl. Ostheim/Schmidt 2007: 40; Korpi 2006: 174). Sie geht zweitens davon aus, dass die Verteilung der Machtressourcen, d. h. die Machtverteilung zwischen den sozialen Klassen im Zeitverlauf sowie zwischen Ländern variieren kann (vgl. Korpi 1983: 17, 186f.). Machtressourcen werden definiert als „characteristics which provide actors - individuals or collectivities - with the ability to punish other actors“ (Korpi 1983: 15) und damit als Möglichkeit, andere Akteure zu beeinflussen (vgl. Korpi 1983: 15). Als zentrale Machtressourcen der Arbeiter identifiziert sie die Organisation der Arbeiter in Gewerkschaften und linken Parteien (vgl. Esping-Andersen 1985: 223; Korpi 1983: 17, 26, 187). Als zentrale Machtressourcen der Kapitalbesitzer nennt sie die Kontrolle über die Produktionsmittel und die Organisation in rechten Parteien (vgl. Korpi 1983: 17, 26, 187). Die Kapitalbesitzer werden - abhängig von der Konzentration der Kontrolle über Produktionsmittel auf wenige Gesellschaftsmitglieder - als privilegiert betrachtet, da sie mehr Möglichkeiten der Einflussnahme haben (vgl. Bradley u. a. 2003: 197; Korpi 1983: 17). Arbeiter müssen sich zunächst in Gewerkschaften und linken Parteien organisieren. Die Annahme, dass die Machtverteilung zwischen den sozialen Klassen im Zeitverlauf sowie zwischen Ländern variiert wird damit mit der Variation des Organisations- und Mobilisierungsgrads der Arbeiter in Gewerkschaften und linken Parteien begründet (vgl. Schneider/Janning 2006: 81; Bradley u. a. 2003: 197).

Die Machtressourcentheorie geht dann von einem Effekt der Machtverteilung zwischen den sozialen Klassen auf Politikinhalte aus (vgl. Ostheim/Schmidt 2007: 42; Schneider/Janning 2006: 81). Im politischen System betrachtet sie politische Parteien als zentrale Vertreter sozialer Klassen (vgl. McCarty/Pontusson 2009: 672). Sie erwartet, dass politische Parteien entsprechend der materiellen Interessen der gesellschaftlichen Gruppen, die sie vertreten, handeln (vgl. Schneider/Janning 2006: 81f.). Wie zuvor erläutert, betrachtet sie die Kapitalbesitzer als privilegiert. Deshalb geht sie davon aus, dass - in Abwesenheit der Präsenz linker Parteien in Parlament und Regierung als Machtressourcen der Arbeiter im politischen System - der Staat und damit die Staatstätigkeit durch diejenigen kontrolliert werde, die über die Produktionsmittel verfügen (vgl. Huber/Stephens 2012: 35; Bradley u. a. 2003: 197). Deshalb fokussiert sie auf die Varianz der relativen Stärke linker Parteien zur Erklärung von Politikinhalten. Als zentralen Akteur hinsichtlich Politikinhalten betrachtet sie in einer Demokratie die Regierung (vgl. Schmidt 1993: 378). Deshalb wird innerhalb der Machtressourcentheorie die Regierungsbeteiligung linker Parteien als entscheidend hinsichtlich der Erklärung der Varianz von Politikinhalten betrachtet (vgl. McCarty/Pontusson 2009: 672; Brady/Leicht 2008: 80; Bradley u. a. 2003: 195, 197f.). Dabei betrachtet sie die Machtressourcen der Arbeiter als besonders hoch, wenn die Gewerkschaften die linken Regierungsparteien unterstützen (vgl. Schmidt/Ostheim 2007: 42). Die Machtressourcentheorie erwartet erst bei einer langfristigen Regierungsübernahme linker Parteien ein Effekt auf Politikinhalte (vgl. Korpi 2006: 194; Bradley u. a. 2003: 197; Esping-Andersen 1985: 227). Insgesamt wird damit hier zur Berücksichtigung inwiefern Regierungen Einkommen umverteilen, bei der Erklärung der Niveau-Unterschiede ökonomischer Ungleichheit in Lateinamerika, neben dem politisch-institutionellen Kontext der Regierung, der Anteil linker Parteien an der Regierung als Determinante von Politikinhalten begründet.

Dabei beschränkt die Machtressourcentheorie ihre Geltung auf westliche entwickelte Demokratien (vgl. Ostheim/Schmidt 2007: 48). Die Demokratie ermögliche es den Arbeitern erst, sich in Gewerkschaften und linken Parteien zu organisieren (vgl. Bradley u. a. 2003: 197). Des Weiteren bezieht sich Korpi (1983) in seiner Argumentation auf die Entwicklung westlicher Wohlfahrtsstaaten. Gegen eine Übertragung wird erstens angeführt, dass, was für die Machtressourcentheorie relevant ist, lateinamerikanische Parteiensysteme verglichen mit westeuropäischen Parteiensystemen aufgrund der relativ geringeren Bedeutung des Industriesektors innerhalb der lateinamerikanischen Wirtschaften, der als zentral für die Organisation und Mobilisierung der Arbeiter in Westeuropa betrachtet wurde, weniger durch den Klassenkonflikt geprägt sind (1) (vgl. Huber/Stephens 2012: 24ff.; Dix 1989: 31f.). In Bezug auf Entwicklungsländer allgemein wird gegen eine Übertragung theoretischer Ansätze, die Parteien problematisieren, vorgebracht, dass die Volatilität bei Wahlen höher ist (2) und die Wählerbindung an Parteien weniger über programmatische bzw. ideologische Orientierung, als über Personen verläuft (3) (vgl. Mainwaring/Torcal 2005: 1, 25f.). Die Übertragung der Aussage der Machtressourcentheorie, dass die relative Stärke linker Parteien für Politikinhalte in Lateinamerika bedeutsam ist, kann anschließend an Ha (2012), Huber/Stephens (2012) und Huber u. a. (2006) begründet werden: Erstens könnten lateinamerikanische Parteien, danach unterschieden werden, inwiefern sie die Ziele unterprivilegierter sozialer Gruppen oder die Ziele ökonomischer Eliten verfolgen (1) (vgl. Huber/Stephens 2012: 27, 31; Huber u. a. 2006: 946). Arbeiter werden dabei im Vergleich zu Kapitalbesitzern in der Machtressourcentheorie als ökonomisch benachteiligt betrachtet (vgl. Korpi 2006: 174). Auch wird in der Literatur festgestellt, dass die Mehrheit lateinamerikanischer Parteien auf einer Links-Rechts-Dimension klassifiziert werden können (vgl. Nolte 2008: 44). Zweitens variiere die Etablierung von Parteien innerhalb der Gesellschaft sowohl zwischen Parteien als auch zwischen den Ländern Lateinamerikas (2) (vgl. Huber u. a. 2006: 946). Auch könne empirisch festgestellt werden, dass die Links-Rechts-Dimension für die Bürger Lateinamerikas bedeutungsvoll ist (3) (vgl. Huber/Stephens 2012: 31; Huber u. a. 2006: 946). Schließlich würden empirisch Parteieneffekte auf Politikinhalte in Lateinamerika gefunden werden (vgl. Ha 2012: 542; Huber/Stephens 2012: 31; Huber u. a. 2006: 946). Da sich die Machtressourcentheorie auf Demokratien bezieht, wird in der empirischen Analyse der politische Regimetyp berücksichtigt.

3.3 Die Bedeutung geteilter Ideen politischer Akteure für Politikinhalte

Wie zuvor erläutert, soll - in Bezug auf den Zusammenhang zwischen linken Parteien und Ungleichheit - berücksichtigt werden, dass sich seit Ende der 1990er Jahre die öffentlichen Politiken von sowohl linken als auch rechten lateinamerikanischen Regierungen grundlegend verändert haben, was auf eine Veränderung ihrer Vorstellungen von ökonomischer Entwicklung zurückgeführt wird. Vorstellungen von ökonomischer Entwicklung können als kognitive Ideen darüber, wie ökonomische Entwicklung erreicht werden kann, verstanden werden (vgl. Krugman 1996: 723f.). Anhand des Ideen-Ansatzes nach Goldstein/Keohane (1993) wird im Folgenden die Bedeutung der geteilten kognitiven Ideen politischer Akteure für Politikinhalte herausgearbeitet. Seine zentrale Aussage ist, dass Politikinhalte neben materiellen Interessen durch die Ideen politischer Akteure bestimmt werden (vgl. Goldstein/Keohane 1993: 3f.).

Ideen können definiert werden als „shared beliefs" (Jacobsen 1995: 287). Goldstein/Keohane (1993) unterscheiden zwischen (1) ‚world views', (2) ‚principled beliefs' und (3) ‚causal beliefs'. ‚Principled beliefs' (normative Ideen) beziehen sie auf normative Überzeugungen, die Aussagen darüber machen, was richtig und falsch oder was gerecht und ungerecht ist. ‚Causal beliefs' (kognitive Ideen) definieren sie als kognitive Überzeugungen, die Aussagen über Ursache-Wirkungsbeziehungen enthalten, d. h. sie enthalten Aussagen, darüber mit welchen Mitteln bestimmte Ziele erreicht werden können. ‚World views' (Weltbilder) können nach Goldstein/Keohane (1993) normative und kognitive Ideen enthalten und sind allgemeiner formuliert. Goldstein/Keohane (1993) argumentieren, dass unter bestimmten Bedingungen ein kausaler Effekt der Ideen politischer Akteure auf Politikinhalte erwartet werden kann. "[A]nalysts should not assume that some intrinsic property of an idea explains its choice by policy makers" (Goldstein/Keohane 1993: 11). Sie erwarten einen Effekt der Ideen politischer Akteure, erstens, wenn politische Akteure mit strategischen Entscheidungssituationen konfrontiert sind, in denen spieltheoretisch mehrere Gleichgewichtslösungen möglich sind, zweitens, „when they become embedded in political institutions" (Goldstein/Keohane 1993: 3), d. h. wenn sie durch Institutionalisierung wirken und drittens, wenn unter Bedingungen begrenzter Rationalität bzw. Unsicherheit Ideen als „road maps that increase actor's clarity about goals or ends-means relationship" (Goldstein/Keohane 1993: 3) politischen Akteuren Auskunft über Konsequenzen ihres Handelns geben (vgl. Jachtenfuchs 1994: 433). (vgl. Goldstein/Keohane 1993: 3, 8-13)

In Bezug auf ökonomische Entwicklung kann dabei von Bedingungen begrenzter Rationalität ausgegangen werden: Es besteht in der Wissenschaft keine Einigkeit, wie ökonomische Entwicklung erreicht werden kann (vgl. Krugman 1996: 718-723). Goldstein/Keohane (1993) gehen davon aus, dass wenn Unsicherheit über die Konsequenzen politischen Handelns besteht, politische Akteure abhängig von Ideen sind. Inwiefern kann ein Effekt kognitiver Ideen unter Bedingungen begrenzter Rationalität auf Politikinhalte erwartet werden? Kognitive Ideen werden nach Goldstein/Keohane (1993) dann insofern handlungswirksam, indem sie die Handlungsalternativen einschränken, die politische Akteure in Betracht ziehen. Dies wird wie folgt begründet. Da kognitive Ideen Aussagen über Ursache und Wirkungszusammenhänge machen, geben sie politischen Akteuren Hinweise über die Konsequenzen ihres Handelns. Sie liefern politischen Akteuren damit Informationen darüber, mit welchen Mitteln bestimmte Ziele erreicht werden können. Sie stellen damit Interpretationen der Realität dar, auf deren Basis politische Akteure andere Handlungsalternativen logisch ausschließen können. Insgesamt kann damit erwartet werden, dass kognitive Ideen politischer Akteure in Bezug auf die Erklärung von Politikinhalten zu berücksichtigen sind, da sie unter Bedingungen begrenzter Rationalität beeinflussen, welche Handlungsalternativen politische Akteure in Betracht ziehen. Innerhalb der Machtressourcentheorie wurde angenommen, dass Politikinhalte bestimmt werden durch die materiellen Interessen politischer Parteien als Vertreter sozialer Klassen. Deshalb ist hier die Berücksichtigung von Ideen neben materiellen Interessen politischer Akteure zur Erklärung von Politikinhalten zu begründen. In der Literatur hinsichtlich der Wirkung von Ideen auf Politikinhalte wird, angenommen, dass Ideen nicht unabhängig von Interessen sind (vgl. Singer 1993: 153). Ideen sind aber insofern eigenständig, dass Interessen durch Ideen als Filter wahrgenommen werden; sie beeinflussen, welche Interessen als plausibel und/oder möglich wahrgenommen werden (vgl. Singer 1993: 153). (vgl. Goldstein/Keohane 1993: 5, 13f.

Zusammenfassend wurde in diesem Kapitel davon ausgegangen, dass Regierungen Einfluss auf die Einkommensverteilung haben und dass deshalb bei der Erklärung der Varianz ökonomischer Ungleichheit in Lateinamerika, neben ökonomischen und demographischen Faktoren, das Tun und Lassen von Regierungen zu berücksichtigen ist. Anschließend an Erklärungsmodelle empirischer Analysen ökonomischer Ungleichheit in den Industriestaaten wurden innerhalb der politisch-institutionalistischen Theorie und der Machtressourcentheorie der politisch-institutionelle Kontext und die Regierungsbeteiligung linker Parteien als Determinanten der Inhalte politischer Entscheidungen der Regierungen herausgearbeitet. Anschließend an Roberts (2012) wurde innerhalb des Ideen-Ansatz herausgearbeitet, dass Politikinhalte neben den materiellen Interessen linker Parteien an der Regierung auch durch ihre Ideen bestimmt sind.

4. Darstellung des Forschungsstands

Bisher haben sich nur wenige empirische Arbeiten mit den Niveau-Unterschieden ökonomischer Ungleichheit zwischen den Ländern Lateinamerikas beschäftigt sowie inwiefern Politikunterschiede zu ihrer Erklärung beitragen (vgl. Huber u. a. 2006: 943). Die meisten empirischen Analysen der Varianz ökonomischer Ungleichheit zwischen Entwicklungsländern beziehen alle Entwicklungsländer oder alle Länder, für die Daten verfügbar sind, in die Analyse ein. Die Determinanten der Niveau-Unterschiede ökonomischer Ungleichheit zwischen den Ländern Lateinamerikas sowie auch zwischen Entwicklungsländern allgemein werden anhand von Querschnittsregressionen oder anhand von ‚Pooled-Time-Series Cross-Section-Analysis' untersucht (vgl. Gradstein/Milanovic 2004: 524). Darunter fokussieren die meisten, die sich mit möglichen politischen Erklärungsfaktoren von Ungleichheit beschäftigen, auf den Zusammenhang zwischen dem politischen Regimetyp im Sinne eines Demokratie/Autokratie-Vergleichs als politisch-institutioneller Kontext.[6] Sie finden zumindest teilweise Unterstützung dafür, dass, unter Kontrolle ökonomischer und demographischer Faktoren, der politische Regimetyp, gemessen anhand des Vorliegens einer Demokratie, dem Demokratiegrad oder dem Demokratiealter, einen signifikanten negativen Effekt auf Ungleichheit, gemessen anhand des Gini-Koeffizienten, aufweist[7] (vgl. Gradstein/Milanovic 2004:

6 Dies ist auch auf die Datenverfügbarkeit zurückzuführen (vgl. Huber u. a. 2006: 944f.).

7 Reuveny/Li (2003), Gradstein u. a. (2001) und Muller (1988) finden einen negativen Effekt, Lee (2005), Burkhart (1997) und Simpson (1990) einen nichtlinearen Effekt und Bussmann u. a. (2005) keinen Effekt von Demokratie auf Ungleichheit. Dabei finden Burkhart (1997) und Simpson (1990) einen kurvilinearen Zusammenhang in Form eines umkehrten ‚U' zwischen dem Demokratiealter/-grad und Ungleichheit und Lee (2005) findet einen Interaktionseffekt zwischen dem Regimetyp und der Größe des öffentlichen Sektors auf Ungleichheit (Lee 2005: 175). Frühe quantitative Analysen - z. B. Bollen/Grandjean (1981), Bollen/Jackman (1985), Rubinson/Quinlan (1977) - finden dagegen keinen signifikanten Effekt von Demokratie auf ökonomische Ungleichheit (vgl. Gradstein/Milanovic. 2004: 528; Sirowy/Inkeles 1990: 151). Dieser Unterschied, wird auf die Datenverfügbarkeit und -qualität früherer quantitativer Analysen zurückgeführt (vgl. Gradstein/Milanovic 2004: 528).

528). Dabei wird empirische Unterstützung dafür gefunden, dass der langfristige Effekt von Demokratie auf Ungleichheit entscheidend ist - Burkhart (1997), Muller (1988). Dies wird darauf zurückgeführt, dass erst in etablierten Demokratien erwartet werden könne, dass sich Gewerkschaften und linke Parteien mit Zielen der Umverteilung in der Gesellschaft etabliert haben und linke Parteien eine ausreichend lange Zeit an der Regierung beteiligt gewesen sind, um ihre Ziele umzusetzen[8] (vgl. Gradstein/Milanovic 2004: 529f.; Muller 1988: 66). Ha (2012) berücksichtigt in ihrer Analyse der Niveau-Unterschiede ökonomischer Ungleichheit zwischen Entwicklungsländern entsprechend der Machtressourcentheorie auch die Regierungsbeteiligung linker Parteien, gemessen anhand des Vorliegens einer linken Regierung und des Vorliegens eines linken Regierungschefs (vgl. Ha 2012: 547). Sie findet, dass Länder mit linken im Vergleich zu anderen Regierungen bzw. Regierungschefs eine signifikant geringere Ungleichheit aufweisen (vgl. Ha 2012: 548f.). Im Folgenden werden die Resultate bisheriger empirischer Analysen der Varianz ökonomischer Ungleichheit in Lateinamerika in Bezug auf die vorliegende Fragestellung zusammenfassend dargestellt.

Huber u. a. (2006) analysieren, inwiefern der politische Regimetyp und die Regierungsbeteiligung linker Parteien anhand einer ‚Pooled-Time-Series Cross-Section-Analysis' zur Erklärung der Varianz ökonomischer Ungleichheit, gemessen anhand des Gini-Koeffizienten, zwischen 18 Ländern Lateinamerikas in dem Zeitraum von 1970 bis 2000 beitragen. Als relevanten politisch-institutionellen Kontext identifizieren sie neben dem politischen Regimetyp, gemessen anhand des Vorliegens einer Demokratie (0 - keine Demokratie, 0,5 - beschränkte Demokratie, 1 - Demokratie), das Vorliegens einer repressiven Autokratie, gemessen anhand einer dichotomen Variable, die angibt, ob Menschenrechtsverletzungen durch die Regierung vorliegen. Um den langfristigen Effekt des Regimetyps zu messen, kumulieren sie für ein Länderjahr die Werte der politisch-institutionellen Indikatoren von 1945 bis zum jeweili-

8 Dies wird auch aus dem Befund eines kurvilinearen Zusammenhangs in Form eines umgekehrten ‚U' zwischen dem Demokratiegrad und Ungleichheit gefolgert (vgl. Burkhart 1997: 160f.).

gen Messzeitpunkt. Den Effekt linker Parteien messen sie anhand des Gleichgewichts des Sitzanteils linker und rechter Parteien am Regierungskabinett und im Parlament. Um entsprechend der Machtressourcentheorie zu berücksichtigen, dass erst eine langfristige Regierungsbeteiligung linker Parteien sich auf Politikinhalte auswirkt, kumulieren sie hier ebenfalls für ein Länderjahr die Werte der Indikatoren für die vergangenen 15 Jahre eines Messzeitpunkts. Sie berücksichtigen auch den Effekt des relativen Anteils von Sozial-, Gesundheits- und Bildungsausgaben am Bruttoinlandsprodukt (BIP). In ihrer multivariaten Analyse ‚kontrollieren' sie statistisch u. a. in Bezug auf die modernisierungstheoretische und weltsystemtheoretische Erklärungsansätze ökonomische und demographische Erklärungsfaktoren[9]. Huber u. a. (2006) kommen zu dem Ergebnis, dass der politische Regimetyp und die relative Stärke linker Parteien zur Erklärung ökonomischer Ungleichheit in Lateinamerika neben ökonomischen und demographischen Erklärungsfaktoren beitragen. Sie finden allerdings keinen statistisch signifikanten Effekt des Vorliegens einer repressiven Autokratie. Unter den politischen Erklärungsfaktoren sei die relative Stärke linker Parteien für Ungleichheit entscheidend. Sie weise, gemessen anhand des relativen Anteils linker im Vergleich zu rechten Parteien an der Regierung oder im Parlament, einen statistisch signifikanten negativen Effekt auf Ungleichheit auf. Dabei sei der Effekt des relativen Anteils linker Parteien an der Regierung schwächer als der Effekt des relativen Anteils linker Parteien im Parlament. Der negative Effekt des Vorliegens einer Demokratie würde bei Kontrolle linker Parteien insignifikant. Sie stellen aber einen statistisch signifikanten Interaktionseffekt zwischen dem Vorliegen einer Demokratie und der Höhe der Sozialausgaben fest: In Demokratien könne im Vergleich zu Autokratien ein negativer Effekt der Höhe der Sozialaus-

9 Das Niveau ökonomischer Entwicklung (BIP pro Kopf, des Ausmaßes einer dualistischen Wirtschaftsstruktur, der Beschäftigungsgrad in der Landwirtschaft), den Bildungsgrad (relativer Anteil von Personen, die weiterführende Schulen besuchen an Personen im Schulalter), ökonomische Abhängigkeit (prozentualer Zufluss ausländischer Direktinvestitionen am BIP), die ethnische Diversität der Gesellschaft (dichotome Variable, die misst ob der Anteil indigener und afrikanisch stämmiger Bürger an der Bevölkerung 20-80% beträgt) und den Inflationsgrad (vgl. Huber u. a. 2006: 947f.; 951f.).

gaben auf Ungleichheit festgestellt werden. Sie folgern, dass der Regimetyp indirekt über die relative Stärke linker Parteien und Sozialausgaben auf Ungleichheit wirke. (vgl. Huber u. a. 2006: 952-959)

Huber/Stephens (2012) re-analysieren das Erklärungsmodell von Huber u. a. (2006) ebenfalls anhand einer ‚Pooled-Time-Series Cross-Section-Analysis' von 18 lateinamerikanischen Ländern. Im Vergleich zu Huber u. a. (2006) analysieren sie ein anderes Ländersample und einen anderen Untersuchungszeitraum (1971-2005). Des Weiteren verwenden sie als Indikator des Regimetyps im Sinne eines Demokratie-Autokratie-Vergleichs das Demokratiealter. Damit nehmen sie an, dass erst langfristig ein Effekt des politischen Regimetyps erwartet werden kann. Sie kommen zu dem Ergebnis, dass unter Berücksichtigung der Kontrollvariablen, der politische Regimetyp und der Anteil linker im Vergleich zu rechten Parteien im Parlament einen erheblichen Anteil der Varianz der Ungleichheit ‚statistisch' erklären. Sie schließen, dass neben ökonomischen und demographischen Faktoren Politik folgenreich für Ungleichheit in Lateinamerika ist. Dabei stellen sie im Gegensatz zu Huber u. a. (2006) fest, dass der negative Effekt der relative Anteil linker Parteien im Parlament weniger bedeutsam für die Erklärung der Einkommensverteilung sei als der negative Effekt des Demokratiealters. Sie folgern daraus, dass der Effekt des Regimetyps nicht ausschließlich durch linke Parteien wirkt. Sie stellen wie auch Huber u. a. (2006) fest, dass der negative Effekt der Sozialausgaben auf Ungleichheit abhängig vom Regimetyp ist. Auch kommen sie zu dem Resultat, dass im Durchschnitt Länder mit repressiven Autokratien eine signifikant höhere Ungleichheit aufweisen als andere Länder. (vgl. Huber/Stephens 2012: 102, 109, 120, 126, 144ff.)

McLeod/Lustig (2011) analysieren den Effekt der Regierungsbeteiligung linker Parteien auf Ungleichheit, gemessen anhand des Gini-Koeffizienten, in 18 lateinamerikanischen Ländern für den Zeitraum von 1990 bis 2008 anhand einer ‚Pooled-Time-Series Cross-Section-Analysis'. Sie testen verschiedene Indikatoren der Regierungsbeteiligung linker Parteien: eine dichotome Variable, die misst, ob eine linke Regierung innerhalb eines Drei-Jahre-Intervalls mehr als ein Jahr an der Regierung war, die Anzahl der Jahre, die eine linke Regierung innerhalb einer Periode von drei Jahren an der Macht war und die kumulative Anzahl der Jahre, die eine linke Regierung an der Macht war. Sie unterscheiden zwischen populistischen und sozialdemokratischen Regierungen. McLeod/Lustig (2011) finden in ihrer multivariaten Analysen unter statistischer Berücksichtigung der Höhe der Sozialausgaben und ökonomischer Erklärungsfaktoren[10], dass sozialdemokratische Regierungen im Vergleich zu nicht-sozialdemokratischen Regierungen einen signifikanten negativen Effekt auf Ungleichheit haben. Dagegen könne bei Berücksichtigung der ökonomischen Kontrollvariablen kein statistisch signifikanter negativer Effekt des Vorliegens einer linkspopulistischen Regierung im Vergleich zu nicht-links-populistischen Regierungen auf Ungleichheit festgestellt werden. Montecino (2011) re-analysiert das Erklärungsmodell von McLeod/Lustig (2011) für dieselben 18 Länder für den Zeitraum von 1989-2009. Er verwendet allerdings Daten der ,United Nations Economic Commission for Latin America and the Caribbean' (ECLAC) zur Messung von Ungleichheit. McLeud/Lustig (2011) verwenden Daten der ,Socio-economic Database for Latin America and the Caribbean' (SEDLAC). Montecino (2011) kommt im Vergleich zu McLeod/Lustig (2011) zu dem Resultat, dass links-populistische Regierungen einen signifikanten negativen Effekt im Vergleich zu nicht-links-populistischen Regierungen auf Ungleichheit aufweisen, nicht aber sozialdemokratische Regierungen im Vergleich zu nicht-sozialdemokratischen Regierungen. Er führt dies auf die unterschiedliche Datenbasis zurück. (vgl. McLeod/Lustig 2011: 5ff., 14, 21; Montecino 2011: 1, 6, 12).

Morgan/Kelly (2013a) analysieren die Effekte des politischen Regimetyps und des relativen Anteils linker Parteien im Parlament auf Ungleichheit, gemessen anhand des Gini-Koeffizienten, in 19 Ländern Lateinamerikas anhand einer ,Pooled-Time-Series Cross-Section-Analysis' für den Zeitraum von 1980 bis 2000. Sie fokussieren auf Ungleichheit im Markteinkommen, testen ihr Erklärungs-

---

10 Ökonomische Entwicklung (BIP pro Kopf), ökonomische Abhängigkeit (Veränderungen in dem Austauschverhältnis zwischen importierten und exportierten Gütern), Ressourcenabhängigkeit (Anteil von Treibstoffexporten an Warenexporten) und die Höhe der Rücküberweisungen aus dem Ausland.

modell aber auch für Ungleichheit im verfügbaren Einkommen. Den Effekt des politischen Regimetyps im Sinne eines Demokratie-Autokratie-Vergleichs messen sie wie Huber u. a. (2006) anhand des Vorliegens einer Demokratie (0 - Autokratie, 0.5 - beschränkte Demokratie, 1 - Demokratie). Um den langfristigen Effekt des politischen Regimetyps zu erfassen, kumulieren sie ebenfalls für einen Messzeitpunkt die Variablenwerte von 1945 bis zum Messzeitpunkt. Als weiteren politisch-institutionellen Kontext berücksichtigen sie, anhand einer dichotomen Variablen, ob es sich um eine rechte oder linke Autokratie handelt. Die Variablenwerte werden für die letzten fünfzehn Jahre kumuliert. Die relative Stärke linker Parteien messen sie, wie auch Huber u. a. (2006), anhand des relativen Anteils linker und im Vergleich zu rechten Parteien im Parlament. Um den langfristigen Effekt zu erfassen kumulieren sie für einen Messzeitpunkt die Werte der letzten fünfzehn Jahre. Sie berücksichtigen auch den relativen Anteil von Bildungs- und Sozialausgaben am BIP. Unter Berücksichtigung ökonomischer und demographischer Faktoren[11] finden Morgan/Kelly (2013a) einen negativen aber insignifikanten Effekt des relativen Anteils linker im Vergleich zu rechten Parteien im Parlament auf Ungleichheit im verfügbaren Einkommen. Sie finden auch keinen Effekt des Regimetyps oder des Vorliegens einer rechten Autokratie auf Ungleichheit im verfügbaren Einkommen. Allerdings finden sie einen signifikanten negativen Effekt der relativen Stärke linker Parteien auf Marktungleichheit. Dies trifft allerdings nicht auf die politisch-institutionellen Indikatoren zu. Sie schließen, dass „market inequality actually seems *more* responsive to political variation than redistribution" (Morgan/Kelly 2013a: 681, Hervorhebung im Original, die Verf.). (vgl. Morgan/Kelly 2013a: 676-681; Morgan/Kelly 2013b: 1ff.)

Zusammenfassend können in Bezug auf die Fragestellung unterschiedliche Ergebnisse bisheriger empirischen Analysen festge-

11 Das BIP pro Kopf, die jährliche Veränderungsrate des BIP, den relativen Anteil des Zufluss ausländischer Direktinvestitionen am BIP, den Inflationsgrad, die Arbeitslosenrate, den Bildungsgrad, gemessen anhand der durchschnittlichen Bildungsjahre von Personen, die 25 Jahre alt oder älter sind, den Anteil von jungen Menschen (14 oder jünger) an der Bevölkerung und anhand einer dichotomen Variable, ob indigene oder afrikanisch-stämmige Personen 20-80% der Gesamtbevölkerung ausmachen.

stellt werden. Auf der einen Seite finden sie Unterstützung dafür, dass sowohl der politische Regimetyp im Sinne eines Demokratie-Autokratie-Vergleichs als relevanter politisch-institutioneller Kontext als auch der relative Anteil linker Parteien im Parlament und/oder am Regierungskabinett unter Berücksichtigung ökonomischer und demographischer Faktoren langfristig zur Erklärung der Varianz ökonomischer Ungleichheit in Lateinamerika beitragen – Huber/Stephens (2012) und Huber u. a. (2006). Allerdings besteht Uneinigkeit, inwiefern der politische Regimetyp oder die relative Stärke linker Parteien der entscheidende Faktor für die Höhe der Ungleichheit ist. McLeud/Lustig (2011) und Montecino (2011) finden des Weiteren einen Unterschied zwischen linkspopulistischen und sozialdemokratischen Regierungen. Auf der anderen Seite findet Morgan/Kelly (2013a) bei Kontrolle ökonomischer und demographischer Faktoren weder einen statistisch signifikanten Effekt des politischen Regimetyps noch des relativen Anteils linker Parteien im Parlament auf Ungleichheit im verfügbaren Einkommen. In den bisherigen Analysen der Niveau-Unterschiede ökonomischer Ungleichheit in Lateinamerika werden die Vorstellungen von ökonomischer Entwicklung der Regierungen in Lateinamerika nicht berücksichtigt.

5. Hypothesen

Weiter oben wurde angenommen, dass die Regierung Einfluss auf die Höhe der Ungleichheit hat. Deshalb wurde argumentiert, dass zur Erklärung des Niveaus ökonomischer Ungleichheit, das Tun und Lassen von Regierungen zu berücksichtigen ist. Anschließend an Erklärungsmodelle der Varianz ökonomischer Ungleichheit zwischen den Industriestaaten wurden der politisch-institutionelle Kontext der Regierung und die Regierungsbeteiligung linker Parteien als Determinanten von Politikinhalten herausgearbeitet (*Kapitel 3*). Im Folgenden wird auf Basis der theoretischen Überlegungen und der Resultate bisheriger empirischer Arbeiten (*Kapitel 4*) diskutiert, was in Bezug auf politische Institutionen (*Kapitel 5.1*) und linken Parteien (*Kapitel 5.2*) in Bezug darauf, inwiefern Regierungen Einkommen umverteilen, erwartet werden kann. In der statistischen Analyse soll betrachtet werden, inwiefern Politikunterschiede neben ökonomischen und demographischen Faktoren zur Erklärung der Varianz ökonomischer Ungleichheit in Lateinamerika beitragen. Es wird angenommen, dass Ungleichheit als Politikergebnis auch von anderen Faktoren abhängig ist (vgl. Jahn 2013: 132). Dafür wird auf die alternativen Erklärungsansätze - modernisierungstheoretische (*Kapitel 5.3.1*) und weltsystemtheoretische Erklärungsansätze (*Kapitel 5.3.2*) - und auf Resultate bisheriger quantitativer Analysen der Varianz ökonomischer Ungleichheit in Lateinamerika Bezug genommen[12] (*Kapitel 5.3.3*). Letztere finden empirische Unterstützung für die Erwartungen der modernisierungstheoretischen und weltsystemtheoretischen Erklärungsansätze ökonomischer Ungleichheit - Morgan/Kelly (2013a), Huber/Stephens (2012), Montecino (2011) und Huber u. a. (2006). Auch finden sie einen positiven Effekt des Inflationsgrads - Huber/Stephens (2012), McLeod/Lustig (2011) und Huber u. a. (2006) - sowie ethnischer Diversität der Gesellschaft - Huber/Stephens (2012) und Huber u. a. (2006) - auf Ungleichheit. Der Effekt ethnischer Diversität kann aufgrund der Datenverfügbarkeit hier nicht berücksichtigt werden.

---

12 Aufgrund der kleinen Fallzahl (N=24) werden in Bezug auf Letzteres nur solche Faktoren kontrolliert, die in mehr als einer Analyse empirische Unterstützung gefunden haben.

5.1 Der Politische Regimetyp und ökonomische Ungleichheit

Innerhalb der politisch-institutionalistischen Theorie wurde herausgearbeitet, dass zur Erklärung von Politikinhalten der politisch-institutionelle Kontext der Regierung zu berücksichtigen ist (siehe *Kapitel 4.1*). Es wurde ein Effekt von politischen Institutionen erwartet, die Einfluss darauf haben, wer an politischen Entscheidungsprozessen teilnimmt und/oder von politischen Institutionen, die beeinflussen, mit welchen Kompetenzen und Ressourcen die Regierung ausgestattet ist. Der Forschungsstand legt zumindest teilweise einen Zusammenhang zwischen dem politischen Regimetyp im Sinne eines Demokratie-Autokratie Vergleichs als politisch-institutionellen Kontext der Regierung und Ungleichheit nahe. Es kann argumentiert werden, dass der politische Regimetyp als grundlegender politisch-institutioneller Kontext der Staatstätigkeit bestimmt (vgl. Jahn 2013: 60), wer an kollektiv verbindlichen Entscheidungen beteiligt wird. Der Begriff ‚politisches Regime', auch ‚Regierungsform', bezieht sich auf die „formalen und faktischen Bedingungen des Zugangs zur und der Ausübung von Regierungsmacht sowie auf die Art und Weise des Umgangs mit der Opposition" (Thibaut 2005: 846). Es kann grundlegend zwischen Demokratien und Autokratien unterschieden werden (vgl. Jahn 2013: 61; Almond u. a. 2008: 23). Der Demokratie-Begriff leitet sich aus dem griechischen Wort ‚demokratia' ab, das sich zusammensetzt aus den Begriffen ‚demos', d. h. Volk und ‚kratein', d. h. herrschen, so dass Demokratie definiert werden kann als eine Regierungsform, in der sich das Volk selbst regiert (vgl. Coppedge u. a. 2011: 248; Held 2006: 1; Schultze 2005a: 129). Autokratien zeichnen sich dagegen durch die Regierung einzelner Personen oder einzelner sozialer Gruppen sowie das Fehlen einer effektiven Kontrolle der Regierenden durch die Bevölkerung aus (vgl. Bernauer u. a. 2013: o. S.; Almond u. a. 2008: 23; Hague/Harrop 2007: 7). Ein Effekt der Regierungsform auf Politikinhalte kann damit innerhalb der politisch-institutionalistischen Theorie erwartet werden, da sie grundlegend beeinflusst, wer an politischen Entscheidungen beteiligt wird.

Ein Zusammenhang zwischen dem politischen Regimetyp und der Umverteilung der Einkommen durch die Regierung, kann unter Bezug auf Lenski (1973) plausibilisiert werden[13]. Lenski (1973) behauptet, dass der Effekt des ökonomischen Systems auf Ungleichheit indirekt über das politische System verläuft (vgl. Simpson 1990: 682f.; Lenski 1973: 74). Die Verteilung ökonomischer Ressourcen sei erstens aufgrund der gegenseitigen Abhängigkeit der Mitglieder einer Gesellschaft durch die basalen Bedürfnisse der Mehrheit der Gesellschaft bestimmt (vgl. Milner 1987: 1073f.). Zweitens würden die ökonomischen Ressourcen, die nach der Befriedigung basaler Bedürfnisse übrig bleiben (‚surplus'), auf der Basis politischer Macht verteilt werden (vgl. Milner 1987: 1074; Lenski 1973: 74). Hinsichtlich letzteren betrachtet er als zentral, wer die Regierung kontrolliert (vgl. Lenski 1973: 420). Dabei nimmt er an, dass Menschen entsprechend ihrem Eigeninteresse handeln und nach knappen Gütern streben (vgl. Lenski 1973: 54ff.). Da die Mehrheit der Gesellschaft ökonomisch benachteiligt sei, könne erwartet werden, dass sie ein Interesse an der Umverteilung ökonomischer Ressourcen innerhalb der Gesellschaft hat (vgl. Chong 2001: 5). Demokratie impliziere dabei eine Verschiebung politischer Macht zu den ökonomisch benachteiligten Bevölkerungsschichten (vgl. Chong 2004: 5; Gradstein/Milanovic 2004: 519). Denn in Demokratien könne die Mehrheit über Wahlen und die Organisation in politischen Parteien Einfluss auf die Regierung nehmen (vgl. Lenski 1973: 420f.). Lenski (1973) erwartet in Demokratien eine Stärkung linker Parteien, die ein Interesse an der Reduktion ökonomischer Ungleichheit haben (vgl. Lenksi 1973: 429). Da die Verteilung ökonomischer Ressourcen nach Lenski (1973) durch politische Macht bestimmt ist, kann damit langfristig eine Reduktion von Ungleichheit erwartet werden. "In short, as Lenski argues, given the existence of an egalitarian political structure, it is plausible to expect that, over time, as the more numerous poorer members of the population organize into unions and other interest groups, and as parties of the social democratic Left

[13] Theoretische Argumentationen hinsichtlich des Zusammenhangs zwischen der Regierungsform und

Ungleichheit beziehen auch auf Lipset (1959). Die Argumentation ist von Lipset (1959) sei dabei ähnlich der von Lenski (1973). (vgl. Gradstein/Milanovic 2004: 517ff.; Chong 2001: 5)

develop a solid electoral base, win seats in legislatures, and participate in or control of the machinery of government, democracy becomes facilitative of gradual reduction of economic inequality" (Sirowy/Inkeles 1990: 135). Umgekehrt kann ein positiver Effekt auf Ungleichheit erwartet werden, wenn eine Autokratie vorliegt. In einer Autokratie ist der Zugang zum politischen Entscheidungsprozess einer Minderheit vorbehalten. Damit kann erwartet werden, dass die Regierung Politiken verfolgt, von der eine Minderheit auf Kosten der Mehrheit profitiert (vgl. Ha 2012: 544; Reuveny/Li 2003: 577; Bollen/Jackman 1985: 439). "Authoritarian regimes can indefinitely pursue policies that benefit a minority at the expense of the majority because there is no political mechanism that holds them accountable to the majority" (Bollen/Jackman 1985: 439). Da Regierungen in Autokratien in der Regel ökonomisch privilegierte Gruppen repräsentieren, kann erwartet werden, dass sie öffentliche Politiken verfolgen, die ökonomische Ungleichheit reproduzieren oder erhöhen (vgl. Reuveny/Li 2003: 577). Insgesamt kann auch anschließend an die bisherigen empirischen Resultate erwartet werden, dass, da die Regierungsform beeinflusst, wer an kollektiv verbindlichen Entscheidungsprozessen beteiligt wird, und die Mehrheit in einer Gesellschaft ein Interesse an Politiken zu einer Reduktion ökonomischer Ungleichheit hat, Demokratien, in denen das Volk sich indirekt durch Wahlen selbst regiert, eine langfristig signifikant geringere ökonomische Ungleichheit aufweisen als Autokratien, in denen der Zugang zur Regierung einer Minderheit vorbehalten ist.

H1: Wenn eine Demokratie vorliegt, dann ist langfristig das Niveau ökonomischer Ungleichheit signifikant geringer als in einer Autokratie.

5.2 Linke Parteien und ökonomische Ungleichheit

An der Hypothese eines negativen Effekts der Demokratie auf Ungleichheit wird kritisiert, dass Demokratien sich nicht implizit durch eine geringere ökonomische Ungleichheit als Autokratien auszeichnen würden, sondern es darauf ankäme, inwiefern innergesellschaftlich ein Interesse an ökonomischer Gleichheit bestehe (vgl.

Gradstein u. a. 2001: 4). „Redistribution, in particular, is a policy outcome that has to be targeted separately [...], and will not simply flow automatically from the extension of popular sovereignty" (Nel 2006: 32). Innerhalb der Machtressourcentheorie wurde herausgearbeitet, dass Politikinhalte durch die Machtverteilung zwischen sozialen Klassen - Arbeitern und Kapitalbesitzern - bestimmt werden (siehe *Kapitel 3.2*). Da nach der Machtressourcentheorie in Abwesenheit der Organisation der Arbeiter in Gewerkschaften und linken Parteien die Staatstätigkeit durch die Kapitalbesitzer bestimmt ist und die Regierung der entscheidender Akteur bezüglich Politikinhalte ist, wurde angenommen, dass die Varianz der Regierungsbeteiligung linker Parteien als Vertreter der Arbeiter im politischen System zur Erklärung von Länderunterschieden in Bezug auf Politikinhalte entscheidend ist. Im Folgenden wird herausgearbeitet, was in Bezug auf den Zusammenhang zwischen linken Parteien und Regierungshandeln, nämlich inwiefern Regierungen Einkommen umverteilen, erwartet werden kann.

Nach der Machtressourcentheorie handeln linke Parteien entsprechend der materiellen Interessen der gesellschaftlichen Gruppe, die sie vertreten - der Arbeiter. Wie zuvor erläutert (siehe *Kapitel 3.2*), sind nach der Machtressourcentheorie Arbeiter ökonomisch im Vergleich zu Kapitalbesitzern benachteiligt. Nach der Machtressourcentheorie sind Marktrisiken, wie z. B. Arbeitslosigkeit und Armut, ungleich zwischen den sozialen Klassen zugunsten der Kapitalbesitzer verteilt (vgl. Korpi 2006: 173). Auch ökonomische Ressourcen, die zur Reduktion von Marktrisiken beitragen, seien zwischen den sozialen Klassen ungleich verteilt (vgl. Korpi 2006: 173). Es kann deshalb angenommen werden, dass Arbeiter im Vergleich zu Kapitalbesitzern ein Interesse an staatlicher Einkommensumverteilung zur Reduktion ihrer Abhängigkeit vom Markt bzw. ihrer Betroffenheit von Marktrisiken haben (vgl. McCarty/Pontusson 2009: 672; Korpi 2006: 173; Esping-Andersen 1985: 227f.). „For the individual, the issue is primarily one of securing adequate means of sustenance that are independent of market chances" (Esping-Andersen 1985: 228). Auch kann argumentiert werden, dass sie aufgrund ihrer begrenzten ökonomischen Ressourcen ein Interesse an einer staatlichen Umverteilung ökonomischer Ressourcen in Bezug auf die Erhöhung ihrer Konsummöglichkeiten haben (vgl.

McCarty/Pontusson 2009: 671f.). Innerhalb der Machtressourcentheorie kann damit erwartet werden, dass linke Parteien als Vertreter der Arbeiter redistributive Politiken verfolgen und dass die Regierungsbeteiligung linker Parteien zu „shifts in political power that direct state policy toward more redistribution" (Bradley u. a. 2003: 197) führen (vgl. Bradley u. a. 2003: 197f.; Korpi 1983: 187; Esping-Andersen 1985: 227ff.). "The straightforward argument is that parties represent the less well-off, and if they gain sufficient political power will redistribute in their favour" (Esping-Andersen/Myles 2009: 642). Dabei betrachtet die Machtressourcentheorie, die Machtressourcen der Arbeiter als besonders hoch, wenn die Gewerkschaften die linken Regierungsparteien unterstützen (siehe *Kapitel 3.2*). Dies kann hier aufgrund der Datenverfügbarkeit nicht berücksichtigt werden[14]. Wie zuvor erläutert, geht die Machtressourcentheorie davon aus, dass die langfristige Regierungsbeteiligung linker Parteien für Politikinhalte entscheidend ist: "Longer periods of rule by the left will be associated with greater social spending ceteris paribus and the distributive profile of the welfare state will be more favorable to lower income groups" (Bradley u. a. 2003: 197). Damit kann erwartet werden, dass je höher der langfristige Anteil linker Parteien an der Regierung, desto geringer die Ungleichheit (vgl. Bradley u. a. 2003: 197f.; Esping-Andersen 1985: 227; Korpi 1983: 25).

Theorieintern wird an der Machtressourcentheorie der Fokus auf linke Parteien zur Erklärung von Politikinhalten kritisiert. Es wird argumentiert, dass die Regierungsbeteiligung rechter Parteien zu berücksichtigen ist (vgl. Brady/Leicht 2008: 79f.; Ostheim/Schmidt 2007: 47): „Im Parteiensystem wirken [...] zwei gegenläufige Kräfte auf die Sozialpolitik, und die Differenz zwischen der linken Sozialstaatspartei und der konservativen sozialstaatsgeg-

14 Dabei kann neben dem indirekten Effekt über das politische System innerhalb der Machtressourcentheorie ein direkter Effekt der Organisation der Arbeiter in Gewerkschaften auf Ungleichheit erwartet werden (vgl. Bradley u. a. 2003: 195; Korpi 1987: 187). Die Organisation der Arbeiter in Gewerkschaften resultiere „in a shift of power in the market toward the union members" (Bradley u. a. 2003: 197) und beeinflusse über Lohnkämpfe und -verhandlungen die Höhe der Ungleichheit (vgl. Huber/Stephens 2012: 27). Aufgrund der Datenverfügbarkeit kann dieser Effekt hier nicht berücksichtigt werden.

nerischen Partei kommt eine wesentliche Rolle bei der Erklärung der Sozialpolitik zu" (Ostheim/Schmidt 2007: 47). Wie zuvor erläutert, versteht die Machtressourcentheorie rechte Parteien als Vertreter der Kapitalbesitzer und in Bezug auf ökonomische Ressourcen im Vergleich zu Arbeitern privilegiert. Es wird davon ausgegangen, dass sie damit ein Interesse am Schutz des Privatbesitzes und der Gewinnmaximierung ihrer Unternehmen haben (vgl. Brady/Leicht 2008: 80). Damit kann erwartet werden, dass rechte Parteien als Vertreter der Kapitalbesitzer im Vergleich zu linken Parteien entgegengesetzte Politiken verfolgen bzw. sich gegen staatliche Umverteilung einsetzen (vgl. Brady/Leicht 2008: 80f.). "[P]arties of the right are manifestations of upper class power, typically opposing redistributive policies" (Morgan/Kelly 2013a: 5). An der Machtressourcentheorie wird des Weiteren die Vernachlässigung der relativen Stärke christdemokratischer Parteien kritisiert (vgl. Ostheim/Schmidt 2007: 46f.; Esping-Andersen 1985: 226f.). Christdemokratische Parteien würden sowohl Arbeiter als auch Kapitalbesitzer vertreten und deshalb weniger redistributive Politiken als linke Parteien verfolgen (vgl. Esping-Andersen 1985: 226f.). Dieser Kritikpunkt wird hier nicht berücksichtigt. Lateinamerikanische christdemokratische Parteien werden im Vergleich zu europäischen christdemokratischen Parteien als sehr heterogen in Bezug auf die Befürwortung der Umverteilung beschrieben (vgl. Huber u. a. 2006: 950). Insgesamt wird damit erwartet werden, dass je höher der langfristige Anteil linker im Vergleich zu rechten Parteien an der Regierung, desto geringer die Ungleichheit. Aufgrund der Datenverfügbarkeit (siehe *Kapitel 6.3.2*) wird in der vorliegenden Arbeit der Zusammenhang zwischen dem relativen Anteil linker im Vergleich zu rechten Parteien im Parlament auf Ungleichheit untersucht. Wie zuvor erläutert, wird als Machtressourcen der Arbeiter im politischen System in der Machtressourcentheorie neben der Präsenz linker Parteien in der Regierung die parlamentarische Präsenz linker Parteien identifiziert (vgl. Ostheim/Schmidt 2007: 40).

H2: Je höher der langfristige relative Anteil linker im Vergleich zu rechten Parteien im Parlament, desto geringer die ökonomische Ungleichheit.

Wie zuvor erläutert, soll anschließend an Roberts (2012) hinsichtlich des Zusammenhangs zwischen linken Parteien und Ungleichheit berücksichtigt werden, dass seit Ende der 1990er Jahre ein Wandel der dominierenden Vorstellung von ökonomischer Entwicklung der Regierungen bzw. politischer Akteure allgemein in Lateinamerika festgestellt wird (vgl. Grugel/Riggirozzi 2012: 2f, 11; Roberts 2012: 13, 18; Birdsdall/Fukuyama 2011: 46; Arditi 2008: 71f.; Margheritis/Pereira 2007: 25f.; Panizza 2005: 718). Dafür wird im Folgenden herausgearbeitet, inwiefern eine zeitliche Varianz des Zusammenhangs zwischen der relativen Stärke linker Parteien und Ungleichheit, abhängig von den Vorstellungen von ökonomischer Entwicklung, erwartet werden kann.

Innerhalb des Ideen-Ansatzes nach Goldstein/Keohane (1993) wurde erwartet (vgl. *Kapitel 3.3*), dass geteilte kognitive Ideen politischer Akteure Politikinhalte unter Bedingungen begrenzter Rationalität bestimmen, da sie Einfluss darauf haben, welche Handlungsalternativen politische Akteure in Betracht ziehen. Deshalb wird zunächst die Vorstellung von ökonomischer Entwicklung, die von linken Parteien geteilt werden, identifiziert. So argumentiert Hall (1989), dass ein Effekt ökonomischer Ideen auf Politikinhalte davon abhängig ist, dass sie von den relevanten politischen Akteuren geteilt werden (vgl. Hall 1989: 370). Die Vorstellungen von ökonomischer Entwicklung von linken Parteien in Parlament und Regierung können anschließend an Krugman (1996) identifiziert werden. Nach Krugman (1996) orientieren sich politische Akteure allgemein in Bezug auf ökonomische Entwicklung an dem „conventional wisdom - that is, a belief that is held with [...] by a large number of influential people" (Krugman 1996: 724) (vgl. Krugman 1996: 729, 732). Krugman (1996) argumentiert, dass staats- und marktorientierte Vorstellungen von ökonomischer Entwicklung zyklenhaft bzw. sozusagen als Modeerscheinung als „conventional wisdom" (Krugman 1996: 723) politisch bedeutsam werden würden (vgl. Krugman 1996: 717f., 729). Sie würden dabei auf selektiven empirischen Belegen und Anekdoten beruhen (vgl. Krugman 1996: 725). Nach Hall (1989) müssen ökonomische Ideen des Weiteren, um politisch wirksam zu werden, anschlussfähig an die ökonomischen und politischen Bedingungen sein (vgl. Hall 1989: 369f.). Grundlegend können staats- und marktorientierte Vorstellungen von ökonomischer Entwicklung unterschieden werden (vgl. Krugman 1996). Sie enthalten Aussagen hinsichtlich des angemessenen Verhältnisses zwischen Staat und Markt zur Steuerung der Wirtschaft und diese „können von der Befürwortung einer starken Rolle der Regierung bei der Regulierung der Ökonomie bis hin zur Befürwortung einer starken Rolle des Marktes bei der Steuerung der Ökonomie reichen" (Schirm 2013: 61f.). Staatliche Umverteilung impliziert dabei einen Eingriff des Staates in Wirtschaftsprozesse. Auch ist Sozialpolitik neben Wirtschaftspolitik hinsichtlich des Verhältnisses zwischen Staat und Markt politisiert (vgl. Obinger/Wagschal 2001: 102). Im Folgenden wird demnach zunächst eine zeitliche Varianz des ‚conventional wisdom' in Bezug auf ökonomische Entwicklung und damit das angemessene Verhältnis zwischen Staat und Markt zur Steuerung der Wirtschaft in Lateinamerika herausgearbeitet. Es wird darauf fokussiert, was die Vorstellungen von ökonomischer Entwicklung für staatliche Umverteilung implizieren. Anschließend wird erläutert, was daraus innerhalb des Ideen-Ansatzes für den Zusammenhang zwischen dem relativen Anteil linker Parteien im Parlament und Ungleichheit folgt.

Innerhalb des Ideen-Ansatzes wird zeitlich eine Varianz der Ideen, an denen sich politische Akteure orientieren, durch exogene Schocks wie Wirtschaftskrisen erwartet (vgl. Goldstein/Keohane 1993: 17). Anfang der 1980er Jahre wurde durch die wirtschaftlichen Krisen Ende der 1970er und Anfang der 1980er Jahre in Lateinamerika, wie auch in Entwicklungsländern allgemein, mit dem Neoliberalismus eine marktorientierte Vorstellung von ökonomischer Entwicklung politisch bedeutsam (vgl. Panizza 2009: 17, 18; Sodaro 2008: 374; Margheritis/Pereira 2007: 34). Diese ökonomischen Krisen wurden als das Versagen der bisherigen staatsorientierten Vorstellung von ökonomischer Entwicklung interpretiert (vgl. Oatley 2012: 144). Zeitgleich zu den Wirtschaftskrisen in Lateinamerika verzeichneten einige ostasiatische Staaten wirtschaftliche Erfolge. Dies wurde als Resultat dessen betrachtet, dass sie im Vergleich zu den Ländern Lateinamerikas Entwicklungsstrategien verfolgt hätten, die neoliberalen Vorstellungen von ökonomischer Entwicklung entsprachen (vgl. Sodaro 2008: 374; Margheritis/Pereira 2007: 35). „[T]he capacity of the neoliberal discourse to provide a simple answer to the crisis of the 1980s illustrates the impact of ideas on policy makers' actions" (Margheritis/Pereira 2008: 31). Es wird argumentiert, dass dadurch in den 1980ern und 1990ern in Lateinamerika, wie in Entwicklungsländern allgemein, der Neoliberalismus, der in Lateinamerika später mit dem ‚Washington Consensus' identifiziert wurde, zum ‚conventional wisdom' der ökonomischen Entwicklung wurde (vgl. Grugel/Riggirozzi 2012: 4; Panizza 2009: 29f.; Sodaro 2008: 374; Margheritis/Pereira 2007: 34, 37; Krugman 1996: 729, 732). „[D]uring the 1980s and early 1990s the Washington Consensus became conventional wisdom" (Margheritis/Pereira 2007: 37). In Bezug auf das angemessene Verhältnis zwischen Staat und Markt zur Steuerung der Wirtschaft ist gemäß der neoliberalen Vorstellung, die Rolle des Staates in der Wirtschaft auf die Sicherstellung des allgemeinen Ordnungsrahmens und einer effizienten Verwaltung zu reduzieren (vgl. Panizza 2009: 10; Hein/Steiner 2008: 28; Bendel 2005: 607). Staatliche Eingriffe in die Wirtschaft werden als dysfunktional für ökonomische Entwicklung betrachtet (vgl. Panizza 2009: 9). "Key to the Consensus was eliminating government involvement in the economy" (Oatley 2012: 151). Dem Neoliberalismus entsprechend kann ökonomisches Wachstum dadurch erreicht werden, dass Regierungen den Markt liberalisieren (vgl. Pribble u. a. 2009: 387f.). Dieses Wachstum führe dann langfristig zur Reduktion von Armut und Ungleichheit (vgl. Panizza 2009; 151f.). Nach den neoliberalen Ideen sind Sozialpolitiken deshalb marktorientiert zu gestalten (vgl. Levitsky/Roberts 2011: 22; Molyneux 2008: 779). „Under the neoliberal model, social needs were to be met, wherever possible, through private activities in the marketplace, thus minimizing societal pressure for greater public spending or state intervention in the economy" (Levitsky/Roberts 2011: 22).

Es wird argumentiert, dass seit Ende der 1990er Jahre in Lateinamerika der ‚Washington Consensus' in Bezug auf ökonomische Entwicklung nicht mehr ‚conventional wisdom' bzw. zumindest aber in der Defensive ist (vgl. Grugel/Riggirozzi 2012: 2ff.; Roberts 2012: 1; Birdsdall/Fukuyama 2011: 46; Levitsky/Roberts 2011: 3). Die Finanzkrisen Ende der 1990er Jahre in Ostasien und Lateinamerika sowie die andauernd hohe Armutsraten in einigen Entwicklungsländern hätten dazu geführt, dass die Betonung des Marktes zur Erreichung ökonomischer Entwicklung in Frage gestellt wurde (vgl. Grugel/Riggirozzi 2012: 3f; Birdsdall/Fukuyama 2011: 46, 48;

Levitsky/Roberts 2011: 21; Sodaro 2008: 374; Roberts 2008: 328). Es wird seit Ende der 1990er Jahre von einem ‚Post-Washington Consensus', auch ‚Post-Neoliberalism' oder ‚Neostructuralism', politischer Akteure in Lateinamerika in Bezug auf ökonomische Entwicklung gesprochen (vgl. Grugel/Riggirozzi 2012: 2ff). Innerhalb dieser post-neoliberalen Vorstellung von ökonomischer Entwicklung wird dem Staat in Bezug auf das angemessene Verhältnis zwischen Staat und Markt zur Erreichung ökonomischer Entwicklung eine zentrale Rolle zur Steuerung der Wirtschaft zugesprochen (vgl. Grugel/Riggirozzi 2012: 11; Panizza 2005: 728). Neoliberale Ideen betrachten Armut und Ungleichheit als Übergangsphänomene. Die post-neoliberale Vorstellung von ökonomischer Entwicklung betrachtet sie dagegen als Marktversagen und damit als politisches Problem (vgl. Roberts 2012: 1). Ökonomische Entwicklung wird deshalb nicht primär mit wirtschaftlichen Wachstum assoziiert, sondern auch mit sozialen Aspekten (vgl. Grugel/Riggirozzi 2012: 6; Panizza 2009: 163, 166; Panizza 2005: 728). "While the W[ashington] C[onsensus] was narrowly economist in its conception of development, the P[ost-]W[ashington] C[onsensus] seeks to bring into consideration its economic and social dimensions, and to rediscover the importance of politics, institutions and the state" (Panizza 2009: 163). In der Literatur wird argumentiert, dass in Lateinamerika ein zumindest schwacher Konsensus bestehe, dass der Staat hinsichtlich Marktversagen redistributiv in Wirtschaftsprozesse eingreifen muss (vgl. Grugel/Riggirozzi 2012: 3f.; Roberts 2012: 21). „[There] is a new respect among developing countries for the political and social benefits of a sensible social policy. Before the crisis, policymakers tended to downplay social insurance and safety net programs in favour of strategies that emphasized economic efficiency" (Birdsdall/Fukuyama 2011: 47f.). Auch bei internationalen Finanzorganisationen wird ein solcher Wandel der vorherrschenden Vorstellung von ökonomischer Entwicklung festgestellt. Weltbank und Internationaler Währungsfond würden seit Ende der 1990er Jahre staatliche Interventionen als zentral in Bezug auf Marktversagen wie Armut und Ungleichheit betrachten (vgl. Grugel/Riggirozzi 2012: 11; Panizza 2009: 148ff.; Sodaro 2008: 375; Panizza 2005: 728).

Was kann in Bezug auf die zeitliche Varianz der vorherrschenden Vorstellung von ökonomischer Entwicklung hinsichtlich des Zusammenhangs zwischen linken Parteien im Parlament und Ungleichheit erwartet werden? Innerhalb der Machtressourcentheorie wurde erwartet, dass linke Parteien entsprechend der materiellen Interessen der sozialen Gruppen, die sie vertreten, redistributive Politiken verfolgen. Innerhalb des Ideen-Ansatzes kann angenommen werden, dass die Vorstellungen von ökonomischer Entwicklung, da sie Aussagen über das angemessene Staat-Markt-Verhältnis zur Steuerung der Wirtschaft machen, die Handlungsalternativen beeinträchtigen, die von linken Parteien zur Realisierung ihrer Interessen in Betracht gezogen werden. Wie zuvor erläutert, sind nach der neoliberalen Vorstellung von ökonomischer Entwicklung, staatliche Eingriffe in die Wirtschaft dysfunktional für wirtschaftliches Wachstum, welches langfristig zur Armutsreduktion beitragen würde. Es kann erwartet werden, dass linke Parteien innerhalb dieser Ideen, die in den 1980er und 1990er Jahren ‚conventional wisdom' waren, weniger zur Realisierung ihrer Interessen redistributiv tätig waren. Dabei wird in Fallanalysen festgestellt, dass linke Parteien an der Regierung in den 1980ern und 1990ern neoliberale Politiken verfolgt haben (vgl. Roberts 2012: 8; Levitsky/Roberts 2011: 2ff., 20; Murillo u. a. 2011: 53; Sader 2009: 172; Roberts 2008: 23f. 27). „[E]ven the historic architects of state-led development and redistributive policies were embracing market liberalizing by the end of the decade. Austerity and market efficiency - not social equity - dominated the political agenda" (Roberts 2012: 8). Seit Ende der 1990er Jahre ist, wie herausgearbeitet wurde, die Vorstellung in Lateinamerika verbreitet, dass Armut und Ungleichheit das Ergebnis von Marktversagen sind und der Staat zu ihrer Reduktion redistributiv in Wirtschaftsprozesse eingreifen muss. Dabei wird in der Literatur festgestellt, dass linke als auch rechte Parteien an der Regierung in Lateinamerika sich seitdem für eine größere Rolle des Staates in Bezug auf Ungleichheit und Armut eingesetzt haben (vgl. Roberts 2012: 13, 18; Sodaro 2008: 375). Zudem wird in der Literatur seit Beginn des neuen Jahrhunderts von einer „new Left" (Arnson 2007: 3) in Lateinamerika gesprochen (vgl. Arnson 2007: 3f.). Gegenwärtige linke Parteien würden dabei staatliche Eingriffe in Wirtschaftsprozesse zur Reduktion ökonomischer Ungleichheit befürworten (vgl. Roberts 2007: 10). Es wird in der Literatur zwischen einer sozialdemokratischen und populistischen linken Strömung der

‚new Left' in Lateinamerika unterschieden (vgl. Muno 2012: 46; Levitsky/Roberts 2011: 11; Arnson 2007: 3f.; Castañeda 2006: 32ff.). McLeod/Lustig (2011) und Montecino (2011) berücksichtigen diese Differenzierung linker Parteien in ihren empirischen Analysen (*siehe Kapitel* 4). Diese Typologie linker Parteien ist nicht unumstritten (vgl. Levitsky/Roberts 2011: 12; Roberts 2007: 10). Sie wird als zu vereinfacht kritisiert (vgl. Levitsky/Roberts 2011: 12; Kaufman 2007: 24; Roberts u. a. 2007: 10). Dabei erfolgt die Unterscheidung teilweise normativ (z. B. Castañeda 2006). Hier ist die Argumentation relevant, dass als Gemeinsamkeit gegenwärtiger linker Parteien die politischen Ziele der Reduktion von Armut und Ungleichheit genannt werden (vgl. Levitsky/Roberts 2011: 22; Panizza 2009: 242; Arnson 2007: 7 Roberts u. a. 2007: 13, 18; Cleary 2006: 36). "The common thread between both Lefts is a concern for advancing social justice and reducing inequality, for distributing wealth [...] There is also a concern with strengthening the state and reasserting the state's role in the economy." (Roberts u. a. 2007: 18) Deshalb wird hier nicht zwischen sozialdemokratischen und links-populistischen Parteien unterschieden. Insgesamt kann erwartet werden, dass innerhalb der vorherrschenden post-neoliberalen Vorstellung von ökonomischer Entwicklung seit Ende der 1990er Jahre linke Parteien im Parlament stärker, entsprechend der Interessen der sozialen Gruppen, die sie vertreten, redistributive Politiken verfolgen, als innerhalb des ‚conventional wisdom' von ökonomischer Entwicklung der 1980er und 1990er Jahre. Wie zuvor erläutert, wurde die neoliberale Vorstellung ökonomischer Entwicklung durch die Finanzkrisen Ende der 1990er in Ostasien und Lateinamerika in Frage gestellt. Diese begannen mit der Finanzkrise in Ostasien 1997. Deshalb wird hier erwartet:

H3: In dem Zeitraum 1998-2008 besteht im Vergleich zu dem Zeitraum 1980-1997 ein stärkerer negativer Effekt des relativen Anteils linker im Vergleich zu rechten Parteien im Parlament auf ökonomische Ungleichheit.

5.3 Kontrollhypothesen

5.3.1 Ökonomische Entwicklung und ökonomische Ungleichheit

Wie in *Kapitel 3* erläutert, nehmen modernisierungstheoretische Erklärungsansätze ökonomischer Ungleichheit an, dass alle Länder den gleichen Prozess ökonomischer Entwicklung durchlaufen und dass ein nichtlinearer Zusammenhang zwischen dem Niveau ökonomischer Entwicklung und Ungleichheit in Form eines umgedrehten ‚U' besteht. Nach Nielsen (1994) können zwei Typen modernisierungstheoretischer Ansätze ökonomischer Ungleichheit unterschieden werden (vgl. Nielsen 1994: 655): (1) Ökonomische Erklärungsansätze, die einen Zusammenhang zwischen der Transformation des Agrar- in den Industriesektor mit der ökonomischen Entwicklung und Ungleichheit herausarbeiten und (2) soziologische Ansätze, die einen Zusammenhang zwischen langfristigen strukturellen und institutionellen Veränderungen, die mit der ökonomischen Entwicklung einhergehen, und der Ungleichheit herausarbeiten. Die vorliegende Arbeit bezieht sich auf das „‚internal-developmental' model of inequality" (Alderson/Nielsen 1999: 609, Hervorhebung im Original, die Verf.) von Alderson/Nielsen (1999), da es Aspekte beider Typen modernisierungstheoretischer Erklärungsansätze berücksichtigt. Es unterscheidet drei Erklärungsfaktoren ökonomischer Ungleichheit: (1) die Arbeitskräftebewegung vom Agrar- in den Industriesektor und des relativen Gewichts des Agrarsektors in einer Volkswirtschaft, (2) Bevölkerungswachstum und (3) Bildungsexpansion. (vgl. Alderson/Nielsen 1999: 607ff.; Nielsen/Alderson 1995: 675, 679; Nielsen 1994: 654f., 672)

Hinsichtlich des ersten Erklärungsfaktors knüpfen Alderson/Nielsen (1999) an Kuznets (1955) an. Dieser plausibilisiert den nichtlinearen Zusammenhang zwischen ökonomischer Entwicklung und Ungleichheit folgendermaßen: Er geht davon aus, dass zu Beginn der Industrialisierung die Wirtschaft durch zwei Sektoren gekennzeichnet ist, einen ‚traditionellen' Agrarsektor und einen ‚modernen' Industriesektor (vgl. Nielsen 1994: 658; Kuznets 1955: 12). Die Industrialisierung, definiert als Transformation des ‚traditionellen' Agrarsektors in den ‚modernen' Industriesektor, impliziere dann eine Verlagerung der Mehrheit der Beschäftigten innerhalb eines Landes vom Agrar- in den Industriesektor (vgl. Nielsen 1994:

658; Kuznets 1955: 7). Dabei nimmt Kuznets (1955) erstens an, dass das Durchschnittseinkommen der im Industriesektor Beschäftigten aufgrund der höheren Produktivität höher ist, als das der im Agrarsektor Beschäftigten (vgl. Kuznets 1955: 7). Zweitens nimmt er an, dass Einkommen im Agrarsektor weniger ungleich verteilt sind, als im Industriesektor (vgl. Kuznets 1955: 7f.). Daraus schließt er, erstens, dass Ungleichheit zunächst mit der Verlagerung der Arbeitskräfte vom Agrar- in den Industriesektor ansteige. Denn im Industriesektor sei das Einkommen ungleicher verteilt und im Durchschnitt höher vgl. Kuznets 1955: 8). Zweitens würde die Ungleichheit ab einem bestimmten Niveau ökonomischer Entwicklung sinken, nämlich dann, wenn die Mehrheit der Arbeitskräfte im Industriesektor beschäftigt ist. Denn mit der zunehmenden Arbeitsknappheit im Agrarsektor würde das Durchschnittseinkommen innerhalb des Agrarsektors steigen (vgl. Kuznets nach Bussmann u. a. 2005: 290). Huber/Stephens (2012) und Huber u. a. (2006) argumentieren, dass, da die meisten Länder Lateinamerikas sich auf einem mittleren Niveau ökonomischer Entwicklung befinden, ein negativer Effekt ökonomischer Entwicklung auf Ungleichheit erwartet werden könne (vgl. Huber/Stephens 2012: 112; Huber u. a. 2006: 951). Die Resultate bisheriger empirische Analysen unterstützen diese Erwartung - Morgan/Kelly (2013a), Huber/Stephens (2012) und Montecino (2011) und Huber u. a. (2006).

H5a: Je höher das Niveau ökonomischer Entwicklung, desto niedriger die ökonomische Ungleichheit.

Alderson/Nielsen (1999) gehen anschließend an Kuznets (1955) zweitens davon aus, dass die Höhe des Bevölkerungswachstums mit der ökonomischen Entwicklung zunächst ansteigt, dann aber abfällt. Sie erwarten einen positiven Effekt der Höhe des Bevölkerungswachstums auf die Höhe der Ungleichheit. Ein hohes Bevölkerungswachstum führe zu einer hohen Anzahl junger, gering verdienender Arbeiter. Das Überangebot gering verdienender Arbeiter führe zu einem Rückgang ihrer Einkommen und damit einer Erhöhung der Ungleichheit. (vgl. Alderson/Nielsen 1999: 610f.)

H5b: Je höher das Bevölkerungswachstum, desto höher die ökonomische Ungleichheit.

Schließlich gehen Alderson/Nielsen (1999) davon aus, dass die ökonomische Entwicklung mit einer Bildungsexpansion innerhalb der Gesellschaft einhergeht. Sie erwarten, dass die Bildungsexpansion einen langfristigen negativen Effekt auf Ungleichheit aufweist. Die zugrundeliegende Überlegung ist, dass ein höheres Angebot von Gesellschaftsmitgliedern mit einer höheren Schulausbildung über die Konkurrenz um Stellen indirekt zu einer Reduktion der Ungleichheit beitrage. Die bisherigen empirischen Analysen der Varianz ökonomischer Ungleichheit in Lateinamerika bestätigen diese Erwartung - Morgan/Kelly (2013a), Huber/Stephens (2012) und Huber u. a. (2006). Damit wird hier erwartet, dass der Bildungsgrad einen negativen Effekt auf Ungleichheit in Lateinamerika aufweist. (vgl. Alderson/Nielsen 1999: 611)

H5c: Je höher der Bildungsgrad, desto niedriger die ökonomische Ungleichheit.

5.3.2 Ökonomische Abhängigkeit/Ökonomische Globalisierung und ökonomische Ungleichheit

Wie in *Kapitel 3* erläutert, werden innerhalb der Weltsystemtheorie Niveauunterschiede ökonomischer Ungleichheit zwischen Entwicklungsländern auf den Grad ökonomischer Abhängigkeit vom Kern zurückgeführt. Der weltsystemtheoretische Erklärungsansatz ökonomischer Ungleichheit betont dabei die Rolle von multinationalen Unternehmen, d. h. Unternehmen, die über Produktionsstandorte in mehr als einem Land verfügen (vgl. Oatley 2012: 381; Lee u. a. 2007: 78, 80; Beer/Boswell 2002: 31; Bornschier 1983: 11f.; Bornschier/Ballmer-Cao 1979: 488; Chase-Dunn 1975: 721). „The most direct economic penetration by core nations of peripherial areas is through private investment by transnational corporations which directly own and control the process of production" (Chase-Dunn 1975: 721). Die Argumentation bezieht sich auf die langfristigen Tätigkeiten multinationaler Unternehmen in Entwicklungsländern (vgl.

Bornschier/Chase-Dunn 1985 nach Bussmann u. a. 2005: 287f.). Der weltsystemtheoretische Erklärungsansatz nimmt an, dass die multinationalen Unternehmen aufgrund ihrer im Vergleich zu nationalen Unternehmen hohen ökonomischen Ressourcen die innerstaatliche Machtverteilung beeinträchtigen und damit Einfluss auf die Regierungen der Peripherie haben (vgl. Herkenrath/Bornschier 2003: 109f.; Bornschier 1983: 13; Bornschier/Ballmer-Cao 1979: 488; Sunkel 1973 nach Chase-Dunn 1975: 724). Multinationale Unternehmen investieren in Entwicklungsländern, um ihren Gewinn zu maximieren, da sie z. B. Zugang zu billigen Arbeitskräften erhalten (vgl. Spero/Hart 2010: 271; Herkenrath/Bornschier 2003: 109). Es wird deshalb erwartet, dass sie entsprechend ihrer Interesse die Regierung beeinflussen (vgl. Herkenrath/Bornschier 2003: 109). "Their interest in maintaining relatively cheap labor, low taxes and the freedom to maneuver is often inconsistent with the balanced development of the peripheral country in which they produce" (Chase-Dunn 1975: 723). Ökonomische und politische Eliten würden den ungleichen Austausch akzeptieren, da sie von der Kooperation mit den multinationalen Unternehmen auf Kosten der Mehrheit der Gesellschaft profitieren (vgl. Chase-Dunn 1975: 724). "The links between the core and elites in the periphery increase income inequality by (1) raising the incomes of elites and (2) keeping the wages of workers low. The power of the elites in dependent peripheral countries is backed by their alliances with the core, so they are able to suppress demands for higher wages and income redistribution." (Chase-Dunn 1975: 724) Insgesamt geht der weltsystemtheoretische Erklärungsansatz davon aus, je höher der langfristige Anteil Investitionen multinationaler Unternehmen an der nationalen Wirtschaft (hier: Kapitaloffenheit), desto höher die Ungleichheit in Entwicklungsländern.

Diese These des weltsystemtheoretischen Erklärungsansatzes, dass ein Zusammenhang zwischen internationalen ökonomischen Austausch und Ungleichheit besteht, wird in der neueren theoretischen Diskussion unter dem Begriff ‚ökonomische Globalisierung' wieder aufgegriffen (vgl. Ha 2012: 541; Bussmann u. a. 2005: 286). Ökonomische Globalisierung wird definiert als die „Integration der globalen Märkte […] und […] de[r] wachsende[n] Anteil grenzüberschreitender wirtschaftlicher Interaktionen" (Ostheim 2007: 75) (vgl.

auch Zürn 2013: 402; Rudra/Jensen 2011: 641; Reuveny/Li 2003: 575f.). Dabei wird neben dem Effekt der Investitionen multinationaler Unternehmen (Kapitaloffenheit) auch der Effekt internationalen Handels als Indikatoren ökonomischer Globalisierung auf Ungleichheit problematisiert (vgl. Mills 2009: 4f; Bussmann u. a. 2005: 287ff.; Rudra 2004: 691). Neben der Weltsystemtheorie bezieht sich die theoretische Diskussion der Konsequenzen ökonomischer Globalisierung auf die klassische ökonomische Theorie (vgl. Ha 2012: 543; Bussmann u. a. 2005: 289; Reuveny/Li 2003: 579f.). In Bezug auf Kapitaloffenheit erwartet diese, dass Investitionen multinationaler Unternehmen zu einer Erhöhung des Angebots von Kapital in Entwicklungsländern führen. Da davon ausgegangen wird, dass in Entwicklungsländern Kapital knapp ist, senke das erhöhte Angebot die Produktivität und damit den Preis von Kapital und erhöhe damit Produktivität und den Preis von Arbeit, d. h. das Einkommen von Arbeitern. Damit kann innerhalb der klassischen ökonomischen Theorie erwartet werden, dass Kapitaloffenheit, mit einem geringen Niveau von Ungleichheit einhergeht. Anschließend an Morgan/Kelly (2013a) und Huber u. a. (2006) wird hier ein positiver Effekt der Kapitaloffenheit auf Ungleichheit in Lateinamerika erwartet. (vgl. Ha 2012: 543)

H6: Je höher die Kapitaloffenheit, desto geringer die ökonomische Ungleichheit.

Wie zuvor erläutert, wird in der theoretischen Diskussion der Konsequenzen ökonomischer Globalisierung für Ungleichheit auch internationaler Handel problematisiert. Hier wird in der Literatur ebenfalls auf die klassische ökonomische Theorie Bezug genommen. Die klassische ökonomische Theorie nimmt mit dem Heckscher-Ohlin (H-O) Modell an, dass Länder sich in ihrer Faktorausstattung, d. h. in dem Vorhandensein grundlegender Produktionsmittel (Produktionsfaktoren) wie Arbeit und Kapital, und damit in ihren Produktionskosten unterscheiden (vgl. Freeman 2009: 584). Produktion, die hauptsächlich von reichlich vorhandenen Produktionsfaktoren abhängig ist, ist billiger, als Produktion, die hauptsächlich knappe Produktionsfaktoren nutzt. Länder würden damit vom internationalen Handel profitieren, indem sie Güter exportieren, in deren Produktion intensiv reichlich vorhandene Produktionsfaktoren genutzt werden und Güter importieren, die von knappen Produktionsfaktoren abhängig sind (komparativer Vorteil) (vgl. Reuveny/Li 2003: 579). Anhand des Stolper-Samuelson Theorems werden Aussagen darüber gemacht werden, wer innerhalb einer Gesellschaft vom internationalen Handel profitiert (vgl. Milner/Kubota 2005: 116). Das Stolper-Samuelson Theorem nimmt an, dass freier Handel in einem Land zu einer erhöhten Nachfrage nach Gütern führt, bei deren Produktion intensiv reichlich vorhandene Produktionsfaktoren genutzt werden und die Nachfrage in einem Land nach solchen Gütern reduziert, bei deren Produktion intensiv knappe Produktionsfaktoren genutzt werden (vgl. Ha 2012: 543). Damit erwartet es, dass gleichzeitig mit der Nachfrage das Einkommen derjenigen steigt, die über reichlich vorhandene Produktionsfaktoren verfügen und mit der zurückgegangen Nachfrage das Einkommen derjenigen sinkt, die über knappen Produktionsfaktoren verfügen (vgl. Ha 2012: 543). Da Entwicklungsländer insbesondere über gering ausgebildete Arbeiter verfügen, wird erwartet, dass die ökonomische Globalisierung die Nachfrage nach gering ausgebildeten Arbeitern steigt und damit ihr Einkommen erhöht (vgl. Ha 2012: 543; Reuveny/Li 2003: 579). Damit kann erwartet werden, dass internationaler Handel (hier: Handelsoffenheit) mit einer geringen Ungleichheit einhergeht. (vgl. Oatley 2012: 52f., 70ff., 375ff.)

H7: Je höher die Handelsoffenheit, desto geringer die ökonomische Ungleichheit.

5.3.3 Ökonomische Krisen und ökonomische Ungleichheit

Die bisherigen empirischen Analysen finden, dass Inflation als ökonomischer Krisen-Indikator zu Ungleichheit beiträgt - Huber/Stephens (2012), McLeod/Lustig (2011) und Huber u. a. (2006). In der Literatur wird argumentiert, dass ökonomische Krisen durch die reduzierte Nachfrage nach Arbeit, die Veränderung der Preise, die Beschränkung des finanziellen Handlungsspielraums der Regierung und damit die Reduktion öffentlicher Ausgaben - wobei häufig insbesondere Sozialausgaben gekürzt werden - und die Veränderung des Wertes von Vermögen indirekt zu Ungleichheit beitragen können (vgl. Avelino u. a. 2005: 632; De Ferranti u. a. 2004: 231). Dabei wird eine hohe Inflation als ökonomischer Krisen-Indikator betrachtet (vgl. Huber u. a. 2006: 951). Es wird davon ausgegangen, dass eine hohe Inflation zu einer Reduktion insbesondere geringer Löhne führe (vgl. Morley 2001: 72).

H8: Je höher die Inflation, desto höher die ökonomische Ungleichheit.

Zusammenfassend wurden in diesem Kapitel anschließend an die theoretischen Überlegungen und den Forschungsstand der politische Regimetyp und die Regierungsbeteiligung linker Parteien als Determinanten dafür herausgearbeitet, inwiefern Regierungen Einkommen umverteilen. Aufgrund der Datenverfügbarkeit wird hier der Effekt des relativen Anteils linker Parteien im Parlament auf Ungleichheit untersucht. Dabei wurde erwartet, dass der Zusammenhang zwischen dem relativen Anteil linke Parteien im Parlament und Ungleichheit in Abhängigkeit von der vorherrschenden Vorstellung ökonomischer Ungleichheit variiert. Da davon ausgegangen werden kann, dass Ungleichheit als Politikergebnis auch von anderen Erklärungsfaktoren als von dem der Politikinhalte der Regierung abhängig ist, wurden unter Bezug auf alternative theoretische Ansätze und die Resultate bisheriger empirischer Ergebnisse relevante ökonomische und demographische Kontrollvariablen - die ökonomische Entwicklung, der Bildungsgrad, das Bevölkerungswachstum, die ökonomische Abhängigkeit/Globalisierung und der Inflationsgrad - begründet.

Abbildung 1: Theoretisches Modell ökonomischer Ungleichheit

Das Erklärungsmodell wird in *Abbildung 1* graphisch dargestellt. In den folgenden statistischen Analysen werden die Inhalte politischer Entscheidungen in Bezug auf die Einkommensverteilung nicht berücksichtigt. Bisherige empirische Analysen (siehe *Kapitel 4*) berücksichtigen an dieser Stelle die Sozialpolitiken, gemessen an der Höhe der Sozialausgaben. Es muss aber berücksichtigt werden, dass "government policies that are not typically associated with the welfare state also affect the distribution of income. Most obviously, macroeconomic policy, trade policy, regulatory and industrial policies and educational policy have important distributive consequences." (McCarty/Pontusson 2009: 669) Des Weiteren verteilen in Lateinamerika Regierungen Einkommen insbesondere indirekt über z. B. die Arbeitsmarktregulierung (vgl. Ha 2012: 542). Schließlich liegen nur unzureichend Daten allein bezüglich der Höhe der Sozialausgaben vor. Das Vorgehen hier wird damit begründet, dass der politische Regimetyp und die relative Stärke linker Parteien als Faktoren, inwiefern Regierungen Einkommen umverteilen, herausgearbeitet wurden und sie damit den Inhalten (sozial-)politischer Entscheidungen kausal vorgelagert sind.

6. Forschungsdesign

Vor der Darstellung und Interpretation der Resultate der statistischen Analysen werden im Folgenden aufgrund deren Abhängigkeit von der Vorgehensweise und der verwendeten Methoden (vgl. Schmidt 2003: 275) die Untersuchungsform, die Auswahl der Untersuchungseinheiten und des Untersuchungszeitraums (6.1), die Operationalisierung der abhängigen (6.2) und unabhängigen bzw. Kontroll-Variablen (6.3) sowie die Datenbasis und Datenersetzungs- und -schätzverfahren (6.4) zur Beantwortung der Fragestellung begründet.

6.1 Untersuchungsform, -einheiten und -zeitraum

Zur Beantwortung der Fragestellung wird der Vergleich als *Untersuchungsform* gewählt. Eine Querschnittsanalyse wird durchgeführt, da sich die vorliegende Arbeit mit der Erklärung der Niveau-Unterschiede ökonomischer Ungleichheit zwischen den Ländern Lateinamerikas beschäftigt (vgl. Obinger 2004: 19). Der Vergleich ermöglicht es dabei, die zuvor theoretisch begründeten Hypothesen (siehe *Kapitel 5*) empirisch zu überprüfen (vgl. Jahn 2013: 163, 167; Lauth u. a. 2009: 28, 58). Die Anzahl der in der empirischen Analyse berücksichtigten Fälle (N=24) legt die Verwendung der sog. ‚komparativen Methode' im Besonderen nahe (vgl. Lauth u. a. 2009: 58). Sie ermöglicht es, durch eine systematische Auswahl der Untersuchungsfälle die „Variablen derart zu kontrollieren, dass einzelne Kausalbeziehungen gezielt isoliert und analysiert werden können" (Lauth u. a. 2009: 69) (vgl. Lauth u. a. 2009: 58). Da Kollektivmerkmale als bestimmend für die Varianz ökonomischer Ungleichheit in Lateinamerika identifiziert wurden, wird ein makro-quantitativer Vergleich durchgeführt (vgl. Jahn 2013: 358; Lauth u. a. 2009: 87).

Wie zuvor erläutert, ist für die komparative Methode die Auswahl der *Untersuchungseinheiten* zentral. Als Kriterium für die Auswahl der Untersuchungseinheiten wird hier die Grundgesamtheit bestimmt, d. h. die Fälle, über die Aussagen gemacht werden sollen (vgl. Jahn 2013: 227; Lauth u. a. 2009: 237). Die vorliegende Arbeit beschäftigt sich mit der Erklärung der Niveauunterschiede ökonomischer Ungleichheit zwischen den Ländern Lateinamerikas.

Die Grundgesamtheit wird damit auf die Länder Lateinamerikas festgelegt. Der Begriff „Lateinamerika" bezieht sich von der Wortherkunft ursprünglich auf diejenigen Länder Mittel- und Südamerikas deren Sprache, ihren Ursprung im Lateinischen hat (vgl. Hoffmann/Nolte 2008: 4): ARG, BOL, BRA, CHL, COL, CRI, ECU, MEX, NIC, PAN, PRY, PER, URY und VEN. Heute wird er auch auf alle Länder Mittel- und Südamerikas - Länder mit romanischer Sprachherkunft und BLZ, GUY und SUR - und Inselstaaten der Karibik angewendet (vgl. Hoffmann/Nolte 2008: 4). Diese Grundgesamtheit kann innerhalb des ‚Most Similar Case Design' als Forschungsdesign zur systematischen Fallauswahl begründet werden. Das ‚Most Similar Case Design' versucht eine Kontrolle der Variablen dadurch zu erreichen, dass Fälle ausgewählt werden, die in dem zu erklärenden Phänomen Varianz aufweisen, in den Kontextfaktoren, die als nicht relevant für die Erklärung der Varianz der abhängigen Variablen angesehen werden, annähernd gleich sind und in den Ausprägungen der als relevant für die Erklärung begründeten Variablen möglichst ähnlich sind, so dass analysiert werden kann, welche verbliebenen Unterschiede in den unabhängigen Variablen für die Varianz der abhängigen Variablen verantwortlich sind (vgl. Lauth u. a. 2009: 69f.). Eine Möglichkeit, Fälle für das ‚Most Similar Case Design' zu identifizieren, ist die Auswahl geographisch benachbarter Länder (‚area approach') (vgl. Jahn 2013: 233; Lauth u. a. 2009: 71). Es wird argumentiert, dass angenommen werden kann, dass die Länder innerhalb einer Region eine Vielzahl demographischer, historischer, politischer, kultureller, wirtschaftlicher und sozialer Gemeinsamkeiten aufweisen, sowie gemeinsamer Dynamiken und Diffusionsprozesse, so dass von einem annähernd gleichen Kontext der Länder einer Region ausgegangen werden kann (vgl. Jahn 2013: 233; Lauth u. a. 2009: 71f.; Mainwaring/Pérez-Liñán 2005: 1f.; Nohlen 2005: 36f.). Die Grundgesamtheit wird hier erstens auf unabhängige Staaten beschränkt. Es kann davon ausgegangen werden, dass die staatlichen Autoritäten in abhängigen Gebieten in ihrem Handlungsspielraum im Vergleich zu Regierungen in unabhängigen Staaten erheblich eingeschränkt sind. Zweitens werden nur Staaten mit mehr als 500.000 Einwohnern berücksichtigt[15] (vgl.

15 Aufgrund dessen werden Belize und folgende Karibikstaaten nicht in den Querschnittsregression berücksichtigt: Antigua und Barbuda, die

Jahn 2013: 362; Lauth u. a. 2009: 95; Castles 1998: 6). So wird argumentiert, dass sich politische Prozesse innerhalb sehr kleiner Länder erheblich von anderen Ländern unterscheiden, so dass ihre Berücksichtigung problematisch wäre (vgl. Lauth u. a. 2009: 95; Katzenstein 2003: 10). Die verbleibenden Unterschiede in der Bevölkerungsgröße werden durch die Kontrolle der Bevölkerungsgröße in den Regressionsmodellen berücksichtigt (vgl. Ebbinghaus 2005: 137). Insgesamt werden damit die folgenden 24 Länder Lateinamerikas analysiert: ARG, BOL, BRA, CHL, COL, CRI, CUB, DOM, ECU, GTM, HTI, HND, JAM, MEX, NIC, PAN, PER, PRY, SLV, TTO, URY und VEN.

Es wurde erwartet, dass die politischen Erklärungsfaktoren erst langfristig auf ökonomische Ungleichheit wirken. Daher werden Querschnittsanalysen der langfristigen Durchschnittswerte über den *Untersuchungszeitraum* durchgeführt (vgl. Obinger 2004: 37). Der Untersuchungszeitraum wird auf den Zeitraum von 1980 bis 2008 festgelegt. Dies ist mit der Datenverfügbarkeit zu begründen[16]. Inwiefern der Zusammenhang zwischen linken Parteien und Ungleichheit von der vorherrschenden Vorstellung ökonomischer Ungleichheit abhängig ist, wird anhand der zeitlichen Stabilität des Effekts linker Parteien in Querschnittsanalysen für die Mittelwerte von Subperioden empirisch überprüft. Die Subperioden werden auf 1980 bis 1997 und 1998 bis 2008 festgelegt. Wie zuvor erläutert (siehe *Kapitel 5.2*), wurde die neoliberale Vorstellung von ökonomischer Entwicklung durch die Schuldenkrise in Lateinamerika Anfang der 1980er politisch bedeutsam und durch die ökonomische Krisen in Ostasien und Lateinamerika Ende der 1990er - beginnend mit der Finanzkrise in Ostasien 1997 - in Frage gestellt (vgl. Grugel/Riggirozzi 2012: 3f.; Birdsdall/Fukuyama 2011: 56; Roberts 2008: 328). Die Werte der Indikatoren der abhängigen und unabhängigen (Kontroll-)Variablen werden jeweils anhand des Mittelwerts der beiden Untersuchungsperioden (1980-1997, 1998-2008) aggregiert. Die Untersuchungsperioden entsprechen auch ungefähr der Argumentati-

---

Bahamas, Barbados, Dominica, Grenada, St. Kitts und Nevis, St. Lucia, St. Vincent und die Grenadinen.

16 Für den Indikator kumulierter Anteil ausländischer Direktinvestitionen am BIP sind keine Daten vor 1980 verfügbar. Für den Indikator zur Messung des Effekts des relativen Anteils linker Parteien im Parlament liegen Daten bis einschließlich 2008 vor.

on bisheriger empirischen Arbeiten, dass, da Ungleichheit sich nur langsam verändert, Ungleichheitswerte innerhalb eines Zeitintervalls von 20 oder strenger 11 Jahre vergleichbar sind (vgl. Muller 1988: 53). Es muss berücksichtigt werden, dass Mittelwerte zeitliche Veränderungen in den unabhängigen und abhängigen Variablen nicht adäquat erfassen (vgl. Obinger 2004: 37). Seit 2000 können mit Ausnahme von CUB alle Länder Lateinamerikas als elektorale Demokratien (vgl. Nolte u. a. 2008: 43) und die Mehrheit als liberale Demokratien nach Freedom House (2013) klassifiziert werden (vgl. auch Rinke/Stüwe 2008: 51f.). Dies wird durch die separate Berechnung des Zusammenhangs zwischen Regimetyp und Ungleichheit für die beiden Untersuchungsperioden berücksichtigt. In der zweiten Untersuchungsperiode wird damit keiner bzw. nur ein geringer Effekt des Regimetyps auf Ungleichheit erwartet.

6.2 Operationalisierung der abhängigen Variablen

Die abhängige Variable ‚ökonomische Ungleichheit' wurde in *Kapitel 2* definiert als das Niveau der Ungleichheit im verfügbaren Einkommen zwischen den Individuen innerhalb eines Landes. Zur Messung ökonomischer Ungleichheit wird der Standardindikator, der Gini-Index, verwendet (vgl. Mills 2009: 2). Seine Verwendung ermöglicht die Vergleichbarkeit der Resultate. Der Gini-Koeffizient basiert auf der Lorenz-Kurve. Die Lorenz-Kurve ist eine Form der graphischen Darstellung der Einkommensverteilung innerhalb einer Volkswirtschaft (vgl. Holzinger 2005: 521). Sie stellt graphisch dar, „wie viel % der Einkommensempfänger in einer Volkswirtschaft wie viel % des Volkseinkommens verdienen" (BPB o. J.: o. S.). Der Gini-Index variiert theoretisch auf einer Skala von ‚0' – größtmögliche Gleichverteilung in der Einkommensverteilung – bis ‚1' – größtmögliche Ungleichheit, d. h. ein Einkommensempfänger bekommt das Gesamteinkommen und alle anderen Bezugseinheiten bekommen nichts (vgl. Solt 2009: 234). Zur Veranschaulichung der Darstellung der Resultate wurden die Werte des Gini-Indexes mit ‚100' multipliziert.

Der Gini-Index kann sich auf Ungleichheit im personellen oder im Haushalts-Einkommen beziehen (vgl. Brandolini/Smeeding 2009: 76; Jenkins/van Kerm 2009: 45; Mills 2009: 2). Ökonomische

Ungleichheit wurde hier bezogen auf die Verteilung des verfügbaren Einkommens zwischen Individuen in einem Land. Es kann allerdings davon ausgegangen werden, dass die Mitglieder eines Haushalts ihr Gesamteinkommen teilen (vgl. Jenkins/van Kerm 2009: 45). Damit kann erwartet werden, dass Ungleichheit im personellen Einkommen höher ist als im Haushaltseinkommen, da die Möglichkeit besteht, dass mehr als eine Person in einem Haushalt über ein Lohneinkommen verfügen (vgl. Ha 2012: 553; De Ferranti 2004: 36f.). Ungleichheit im Haushaltseinkommen wird deshalb als besserer Wohlstandsindikator betrachtet (vgl. Ha 2012: 553). Daher wird der Gini-Index hier bezogen auf Ungleichheit im verfügbaren Haushaltseinkommen, gewichtet nach der Anzahl der Personen im Haushalt und der Zusammensetzung des Haushalts aus Erwachsenen und Kindern (vgl. Brandolini/Smeeding 2009: 76; De Ferranti 2004: 37). Es wird auch vorgeschlagen sich anstatt auf das Einkommen auf die Konsumausausgaben zu beziehen (vgl. De Ferranti u. a. 2004: 36). Konsumausgaben würden eher Wohlstand reflektieren, sie seien nicht saisonabhängig (wie z. B. Einkommen im Agrarsektor) und würden eher das langfristige Einkommen reflektieren (vgl. Brandolini/Smeeding 2009: 72f.; Jenkins/van Kerm 2009: 42; De Ferranti u. a. 2004: 36). Allerdings wurde ökonomische Ungleichheit hier bezogen auf die Verteilung des Einkommens zwischen Individuen[17]: „Economic inequality is often considered to be about differences in access to or control over economic resources rather the actual exercise of that power, in which case income is the measure preferred to consumption: a miserly millionaire is considered rich rather than poor" (Jenkins/van Kerm 2009: 42).

17 Auch sind Daten in Bezug auf Konsum für nur wenige Länder Lateinamerikas verfügbar (vgl. De Ferranti u. a. 2004: 36).

6.3 Operationalisierung der unabhängigen Variablen

6.3.1 Der politische Regimetyp

Wie zuvor erläutert, werden zur Beantwortung der Fragestellung Querschnittsanalysen der Durchschnittswerte der Untersuchungsperioden durchgeführt. Um den theoretisch erwarteten Effekt des politischen Regimetyps im Sinne eines Demokratie-Autokratie-Vergleichs auf Ungleichheit zu testen - die Verwendung einer dichotomen Variablen, die das Vorliegens einer Demokratie misst, ist in der Querschnittsanalyse von über einen bestimmten Zeitraum anhand des Durchschnitts aggregierten Daten nicht möglich -, wird hier der Demokratie-Autokratie Unterschied anhand des Demokratiegrades gemessen. Zur Messung des Effekts des politischen Regimetyps auf Ungleichheit werden in den bisherigen empirischen Analysen unterschiedliche Demokratieindizes verwendet (vgl. Gradstein/Milanovic 2004: 522f.). Die Verwendung des Index „Freedom in the World" von Freedom House wird im Folgenden begründet.

Bei dem Index „Freedom in the World" handelt es sich um einen summarischen Index der beiden Indizes politische Rechte und bürgerliche Rechte, d. h. der Wert auf dem aggregierten Index entspricht der Summe der Werte eines Falles auf den beiden Indizes politische und bürgerliche Freiheiten. Die beiden Indizes politische Rechte und bürgerliche Rechte haben den Anspruch die Realisierung politischer Rechte und bürgerlicher Rechte zu messen. Sie basieren auf Experteneinschätzungen. Sie variieren jeweils auf einer Skala von ‚1', d. h. die vollständige Realisierung politischer bzw. bürgerlicher Rechte bis ‚7', d. h. das vollständige Fehlen politischer bzw. bürgerlicher Rechte. Damit variiert ein Messwert auf dem aggregierten Index, als summarischer Index der beiden Subindizes, auf einer Skala von ‚2' bis ‚14'. Der aggregierte Index wurde hier recodiert, so dass ‚2' das Fehlen politischer und bürgerlicher Rechte meint und ‚14' die Realisierung umfassender politische und bürgerliche Rechte meint. Auf dem Index politische Rechte werden Bewertungen zusammengefasst, inwiefern Exekutive und Legislative aus freien und fairen Wahlen hervorgehen, es bei den Wahlen fair zugeht, die gewählten politischen Repräsentanten mit politischer Macht ausgestattet sind, sich das Volk in politischen Parteien organisieren kann, die Rechte der Opposition gewährt sind, bestimmte

Gruppen, wie das Militär, nicht die Beteiligung des Volkes einschränken, und Minderheiten geschützt werden. Auf dem Index bürgerliche Rechte werden Bewertungen, inwiefern persönlicher Freiheitsrechte, Versammlungs- und Vereinigungsfreiheit, Glaubens- und Meinungsfreiheit, Rechtstaatlichkeit und wirtschaftliche Rechte, wie u. a. die Freiheit von Gewerkschaften, gewährleistet werden, zusammengefasst. (vgl. Coppedge 2011: 250f.; Schmidt 2000: 408ff.; Freedom House o. J.: o. S.)

Ein Effekt der Regierungsform auf Ungleichheit wurde innerhalb der politisch-institutionalistischen Theorie damit begründet, dass sie grundlegend bestimmt, wer an politischen Entscheidungsprozessen beteiligt wird. Dabei wird angenommen, dass die Mehrheit der Bevölkerung ökonomisch benachteiligt ist und ein Interesse an Umverteilung hat. Ein Unterschied zwischen Demokratien und Autokratien wurde dann insofern erwartet, dass Demokratien im Vergleich zu Autokratien, in denen der Zugang zu politischen Entscheidungsprozessen beschränkt bzw. einer Minderheit vorbehalten ist, es ihnen ermöglichen, sich in Gewerkschaften und Parteien zu organisieren sowie über Wahlen Zugang zu politischen Entscheidungsprozessen zu erhalten. "Democracy gives the powerless and underprivileged the chance to organize and use organization as a power base to gain entry into the political decision-making process" (Huber u. a. 2006: 948). Auch die Erwartung innerhalb der Machtressourcentheorie, dass ein Zusammenhang zwischen dem Anteil linker Parteien als Vertreter der Arbeiter an Regierung und Parlament und ökonomischer Ungleichheit besteht, nimmt an, dass erst die Demokratie es den Arbeitern ermöglicht sich in Gewerkschaften und linken Parteien zu organisieren (vgl. Bradley u. a. 2003: 197). Das Heranziehen des aggregierten Indexes von Freedom House zur Messung des Demokratiegrads kann damit erstens inhaltlich begründet werden, dass er sowohl berücksichtigt, inwiefern Einzelne innerhalb eines Landes sich zur Verfolgung ihrer Interessen in Gewerkschaften und politischen Parteien organisieren können (bürgerliche und politische Freiheiten) als auch, inwiefern sie über Wahlen an politischen Entscheidungsprozessen teilnehmen können (politische Freiheiten). Die Wahl des Indexes von Freedom House kann zudem mit der Datenverfügbarkeit begründet werden. Er ermöglicht es den Effekt des politischen Regimetyps für alle Länder der Grundgesamtheit und für den gesamten Untersuchungszeitraum zu analysieren (siehe *Kapitel 6.1*). Kritisiert wird an dem Index von Freedom House insbesondere die Reliabilität der subjektiven Einschätzung der Experten (vgl. Jahn 2013: 71). Er weist allerdings eine hohe Korrelation mit anderen Demokratie-Indizes auf (vgl. Gradstein/Milanovic 2004: 523; Schmidt 2000: 413f.).

Theoretisch wurde ein langfristiger Effekt des politischen Regimetyps erwartet. Bisherige empirische Arbeiten finden dafür Unterstützung (siehe *Kapitel 4*). Gradstein/Milanovic (2004) argumentieren, dass eine Operationalisierung anhand des Demokratiegrades implizit annimmt, dass Demokratie einen mehr oder weniger unmittelbaren Effekt auf Ungleichheit hat (vgl. Gradstein/Milanovic 2004: 523; Muller 1988: 50). „Yet it is precisely longitudinal variation in democracy, measured either by the number of years that democratic institutions have existed or by the stability of democracy over a given interval, that is most likely to be associated [...] with income inequality" (Muller 1988: 50). In der vorliegenden Querschnittsanalyse wird der langfristige Durchschnitt für die Untersuchungsperioden verwendet. Aufgrund der geringen Fallzahl wird hier nicht die Möglichkeit einer reziproken Beziehung zwischen Demokratie und Ungleichheit berücksichtigt (vgl. Bollen/Jackman 1985: 441).

6.3.2 Der relative Anteil linker Parteien im Parlament

Als Indikator der Regierungsbeteiligung linker Parteien wird in empirischen Analysen zur Überprüfung der Machtressourcentheorie der relative Sitzanteil linker Parteien am Regierungskabinett verwendet (vgl. Ostheim/Schmidt 2007: 40; Bradley u. a. 2003: 198). Für die Länder Lateinamerikas liegen allerdings nur nominal skalierte Daten hinsichtlich des relativen Anteils linker Parteien an der Regierung vor[18]. Diese können in der Querschnittsanalyse nicht

18 Die ‚Database of Political Institutions' der Weltbank umfasst eine dichotome Variable zur Messung der Parteizusammensetzung der Regierung (vgl. Keefer 2012: 10f.). Daneben sind Daten über die Anzahl der Sitze und parteipolitische Färbung der Regierungsparteien vorhanden. Allerdings nur für die drei größten Regierungsparteien, so dass der prozentuale Kabinettssitzanteile nicht berechnet werden kann. Das ‚Latin America and Caribbean Political Dataset, 1945-2008' von Huber u. a. (2012) um-

berücksichtigt werden. Als Machtressource der Arbeiter im politischen System wird in der Machtressourcentheorie neben der Regierungsbeteiligung linker Parteien auch die parlamentarische Präsenz linker Parteien identifiziert (vgl. Ostheim/Schmidt 2007: 40). In der Literatur werden als Indikatoren der parlamentarischen Präsenz linker Parteien der relative Stimmenanteil linker Parteien an der Wählerschaft oder der relative Sitzanteil linker Parteien im Parlament verwendet (vgl. Ostheim/Schmidt 2007: 40; Bradley u. a. 2003: 198). Hier wird der relative Sitzanteil linker Parteien im Parlament verwendet. Erstens kann davon ausgegangen werden, dass die Sitzanteile im Parlament wirkungsmächtiger für Politikinhalte sind, als der prozentuale Anteil linker Parteien an der Wählerschaft (vgl. Huber u. a. 2008: Fußnote 427). Zweitens kann die Verwendung des relativen Sitzanteils im Parlament mit der Datenverfügbarkeit begründet werden. Für diesen Indikator liegen Daten für den gesamten Untersuchungszeitraum vor.

Die verwendeten Daten des ‚Latin America and Caribbean Political Dataset, 1945-2008' von Huber u. a. (2012) zur Messung des relativen Anteils linker Parteien im Parlament basieren auf der Klassifikation lateinamerikanischer Parteien und Daten des relativen Anteils der Wählerschaft von Parteien und der Klassifikation von Parteien, die an Parlamentswahlen teilnehmen von Coppedge (1997) (vgl. Huber u. a. 2012: 3; Coppedge 1997: o. S.). Huber u. a. (2012) haben Coopedges Daten hinsichtlich des relativen Anteils der Wählerschaft auf Sitzanteile im Parlament umgerechnet und sie entsprechend dem Klassifikationsschema in Bezug auf Fälle und Messzeitpunkten erweitert (vgl. Huber u. a. 2012: 3; Huber u. a. 2006: 954). Coppedge (1997) klassifiziert lateinamerikanische Parteien nach ihrer Zugehörigkeit zu ideologischen Blöcken. Er unterscheidet ideologische Blöcke auf einer Christlich-Säkularen Dimension und einer Links-Rechts Dimension. Bei letzteren unterscheidet er zwischen Rechts, Zentrum-Rechts, Zentrum, Zentrum-Links und Links. Parteien, die sich nicht in diese ideologischen Blöcke einordnen lassen, klassifiziert er als ‚personalistisch', ‚anderes' oder ‚unbekannt'. Als ‚Links' klassifiziert Coppedge (1997) Parteien "that em-

---

fasst eine nominalskalierte Variable der Parteizusammensetzung der Regierung.

ploy Marxist ideology or rhetoric and stress the priority of distribution over accumulation and/or the exploitation of the working class by capitalists and imperialists and advocate a strong role for the state to correct social and economic injustices" (Coppedge 1997: o. S.) und als 'Zentrum-Links' Parteien, die Gerechtigkeit, Gleichheit und soziale Mobilität betonen, dabei aber auch die Interessen von Mittel- und Oberklassen berücksichtigen. Als ‚Zentrum' definiert er Parteien, die den politischen Liberalismus, Rechtsstaatlichkeit, Menschenrechte und Demokratie betonen und keine eindeutigen soziale oder ökonomische Ziele verfolgen. Als rechte Parteien werden Parteien bezeichnet "that target heirs of the traditional elite of the nineteenth century without moderating their discourse to appeal to middle- or lower-class elites" (Coppedge 1997: o. S.) und als Zentrum-Rechts-Parteien, solche, die sowohl auf untere, mittlere als auch höhere Klassen abzielen und dabei u. a. ökonomisches Wachstum vor Umverteilung priorisieren. (vgl. Coppedge 1997: o. S.)

In *Kapitel 5.2* wurde argumentiert, dass in Bezug auf den Zusammenhang zwischen linken Parteien und Ungleichheit, die Stärke rechter Parteien zu berücksichtigen ist. Dafür wird der ‚Legislative Partisan Balance Of Power'-Index nach Cusack/Fuchs (nach Huber u. a. 2006) verwendet (vgl. Huber u. a. 2006: 954). Es handelt sich um einen gewichteten additiven Index. Zur Indexbildung wird der prozentuale Sitzanteil linker, rechter, Zentrums-Rechts, Zentrums- und Zentrum-Links Parteien im Parlament gewichtet. Die relativen Sitzanteile linker Parteien werden mit einer positiven Zahl gewichtet - linke Parteien mit ‚1' und Zentrum-Links Parteien mit ‚0.5'. Die relativen Sitzanteile rechter Parteien werden mit einer negativen Zahl multipliziert - rechte Parteien mit ‚-1' und Zentrum-Rechts Parteien mit ‚-0.5'. Sitzanteile von Zentrums-Parteien und Parteien, die sich nicht in das Links-Rechts Schema einordnen lassen - als christlich oder säkular klassifizierte Parteien sowie Parteien, die als personalistisch, andere oder unbekannt klassifiziert wurden -, werden mit Null multipliziert. Der Indexwert ergibt sich dann aus der Summe der gewichteten prozentualen Sitzanteile der Parteien im Parlament. Je höher der Wert auf dem Index, desto mehr überwiegen im Parlament linke im Vergleich zu rechten Parteien. Länder, die zu einem bestimmten Messzeitpunkt keine Demokratie sind, weisen in den Daten von Huber u. a. (2012) den Wert ‚0' auf (vgl.

Huber u. a. 2006: 954). Wie zuvor erläutert, setzt die Machtressourcentheorie Demokratie voraus. Im Vergleich zu Huber u. a. (2006) werden die Indexwerte nicht über die vorhergehenden fünfzehn Jahre kumuliert. Es wurde hier eine zeitliche Varianz des Effekts linker Parteien erwartet. Anschließend an die theoretische Erwartung, dass Parteieneffekte erst langfristig eintreten, sowie der bisherigen empirischen Ergebnisse, die diese Erwartung unterstützten, wird der langfristige Durchschnitt des Indexwerts für die Untersuchungsperioden verwendet (vgl. Schmidt/Ostheim 2007: 45; Blais u. a. 1993: 42).

6.3.3 Operationalisierung der Kontrollvariablen

Innerhalb des modernisierungstheoretischen Erklärungsansatzes wurde das Niveau ökonomischer Entwicklung als Erklärungsfaktor ökonomischer Ungleichheit herausgearbeitet. *Ökonomische Entwicklung* wird hier anhand des Standardindikators BIP pro Kopf gemessen (vgl. Nielsen/Alderson 1997: 16). Zur Messung des Zusammenhangs zwischen den mit der ökonomischen Entwicklung einhergehenden strukturellen Veränderungen - Bildungsgrad und Bevölkerungswachstum - und Ungleichheit werden als Indikatoren der relative Anteil von Personen im schulfähigen Alter, die weiterführende Schulen besuchen (vgl. Alderson/Nielsen 1999: 611, 615; Nielsen/Alderson 1995: 683f.; Nielsen 1994: 665) und der prozentuale Anteil der jährlichen Veränderung der Bevölkerungsgröße an der Bevölkerungsgröße verwendet. Zur Messung des innerhalb des weltsystemtheoretischen Erklärungsansatzes sowie der klassischen ökonomischen Theorie erwarteten Effekts ökonomischer Abhängigkeit bzw. ökonomischer Globalisierung auf Ungleichheit wird als Indikator der *Kapitaloffenheit* in der Literatur weitgehend die Höhe des ‚Stock' ausländischer Direktinvestitionen verwendet, d. h. der über Jahre kumulierte Zufluss ausländischer Direktinvestitionen, standardisiert an der Größe der Wirtschaft (vgl. Bussmann u. a. 2005: 291; Herkenrath/Bornschier 2003: 112; Beer/Boswell 2002: 41). „The economic importance of foreign investment, indicated by the FDI stock-to-GDP ratio, best captures the influence of multinational corporations in a host economy because it indicates the strength of the historically accumulated weight of MNC's political and economic power" (Bussmann u. a. 2005: 291). Dieser Indikator ist damit dem Zufluss (‚flow') ausländischer Direktinvestitionen vorzuziehen, da er berücksichtigt, ob die ökonomische Abhängigkeit dauerhaft ist (vgl. Bussmann u. a. 2005: Fußnote 288). Der weltsystemtheoretische Erklärungsansatz betont die langfristige Tätigkeit multinationaler Unternehmen (vgl. *Kapitel 5.3.2*). Anschließend an bisherige quantitative Analysen (z. B. Bussmann u. a. 2005: 291f.; Rudra 2004: 691) ökonomischer Ungleichheit wird als weiterer Indikator ökonomischer Globalisierung zur Berücksichtigung der *Handelsoffenheit* der Standardindikator der prozentuale Anteil der Summe von Exporten und Importen am BIP verwendet (vgl. Goldberg/Pavcnik 2004: 3).

6.3.4 Datenbasis und Datenersetzungs- und -schätzverfahren

Bei der empirischen Analyse handelt es sich um eine Sekundäranalyse bestehender Daten. Um eine Vergleichbarkeit zu ermöglichen, werden Daten internationaler Organisationen - für den Indikator Anteil ausländischer Direktinvestitionen (Stock) am BIP werden Daten von UNCTAD-STAT (2012), für die Indikatoren BIP pro Kopf, Bevölkerungswachstum, Bildungsgrad und Bevölkerungsgröße Daten der ‚World Development Indicators' der Weltbank (2014, 2013) - und internationaler Forschungsprojekte verwendet. Bezüglich des relativen Anteils linker Parteien im Parlament Daten von Huber u. a. (2012) und bezüglich der Höhe der Ungleichheit im verfügbaren Einkommen Daten von Solt (2009).

In den bisherigen empirischen Arbeiten werden unterschiedliche Daten ökonomischer Ungleichheit verwendet[19]. Wie in *Kapitel 4* erläutert, zeigt Montecino (2011), dass das Resultat von McLeod/Lustig (2011) abhängig von der Datenbasis ist. Deshalb wird im Folgenden die Verwendung der Daten der ‚Standardizing the World Income Inequality Database' (SWIID) von Solt (2009) zur Messung ökonomischer Ungleichheit begründet. Die meisten empirischen Analysen der Einkommensungleichheit in Nicht-OECD Ländern nutzen Daten von Deininger/Squire (1996) bzw. der

19 Morgan/Kelly (2013a) verwenden Daten von SWIID, Huber/Stephens (2012) und Huber u. a. (2006) von WIID, McLeod/Lustig (2011) von SEDLAC und Montecino (2011) von ECLAC.

‚World Income Inequality Database' (WIID) des ‚World Institute for Development Economics Research' der Universität der Vereinten Nationen (UNO-WIDER) als Nachfolger von Deininger/Squire. WIID integriert die Daten von Deininger/Squire (1996) und ‚Luxembourg Income Study' (LIS) sowie zusätzlicher Daten nationaler Behörden. Nach der Literatur weisen die Gini-Daten von LIS die höchste Qualität sowie Vergleichbarkeit auf. Allerdings besteht eine geringe Datenverfügbarkeit hinsichtlich der Fälle - hauptsächlich Industrieländer - als auch der Messzeitpunkte. Bei den Daten von WIID besteht dagegen das Problem, dass nur wenige Messzeitpunkte und Fälle vergleichbar sind. Nach Deininger/Squire selbst sind die Messzeitpunkte aufgrund der unterschiedlichen Einkommensdefinitionen (Brutto- und Nettoeinkommen) und der unterschiedlichen Bezugseinheiten (Haushalts- und personenbezogenes Einkommen) selten zwischen Ländern und teilweise auch nicht innerhalb von Ländern über die Zeit vergleichbar (vgl. Deininger/Squire nach Solt 2009: 233). Zu beachten ist für die vorliegende Arbeit, die sich damit beschäftigt, inwiefern Politikunterschiede zur Erklärung des Niveaus der Ungleichheit beitragen, ist die den Daten von Deininger/Squire zugrundeliegende Annahme eines raum- und zeitunabhängigen konstanten Unterschieds zwischen Brutto- und Nettoeinkommen (vgl. Solt 2009: 233). „[T]he difference depends on the degree to which taxes are progressive and the extent to which government transfers redistribute income to poorer members of society. As a result, it varies greatly across countries and to a lesser extent also over time. A constant adjustment across all countries and years will therefore underestimate inequality for some observations and overestimate it for others." (Solt 2009: 233). Solt (2009) nutzt die Daten der WIID und standardisiert sie mit den Daten von LIS als Maßstab mit dem Ziel der Maximierung der Vergleichbarkeit für möglichst viele Länder und Jahre. „The approach, in brief, is to standardize income inequality observations using as much information as possible from proximate years within the same country" (Solt 2009: 234). Solt (2009) nimmt damit an, dass aufeinanderfolgende Messzeitpunkte von Ungleichheit nur wenig variieren (vgl. Ha 2012: 554). Ha (2012) argumentiert, dass, da es die Effekte politischer Umbrüche nicht berücksichtigt, die Daten verzerrt werden (vgl. Ha 2012: 554). Allerdings ist nach den zuvor erläuterten theoretischen Ansätzen der langfristige Effekt der relativen Stärke linker Parteien und des Regimetyps entscheidend. In den SWIID-Daten wird des Weiteren die Annahme eines land- und zeitunabhängigen konstanten Unterschieds zwischen Brutto- und Nettoeinkommen aufgegeben. Solt (2009) entfernt auch Beobachtungen, die sich nicht auf die gesamte oder fast die gesamte Bevölkerung eines Landes beziehen[20]. ECLAC und SEDLAC standardisieren ebenfalls Daten ökonomischer Ungleichheit in Lateinamerika. Allerdings ist die Datenverfügbarkeit in Bezug auf Länder und Messzeitpunkte geringer (vgl. Morgan/Kelly 2013: 676). Insgesamt werden die Daten der SWIID hier aufgrund der Datenverfügbarkeit und -vergleichbarkeit verwendet. (vgl. Solt 2009: 232ff.)

In makro-quantitativen Analysen werden fehlende Messzeitpunkte u. a. anhand einer Interpolation geschätzt und fehlende Fälle anhand des Mittelwerts aller Fälle, für die Daten verfügbar sind, geschätzt (vgl. Lauth u. a. 2009: 92; Roller 2005: 143). Hier wurde nach Roller (2005: 143f.) vorgegangen: Fehlende Werte zwischen zwei Messzeitpunkten wurden anhand einer linearen Regression geschätzt (1)[21]. Bei fehlenden Werten eines Falles - am Beginn oder am Ende einer des Gesamtuntersuchungszeitraums (1980-2008) eines Indikators - wurde der längerfristige Trend des Falles anhand einer linearen Regression ermittelt und dann die fehlenden Werte auf Basis dieser Regression geschätzt (2).[22] Bei fehlenden Fällen (Ländern) hinsichtlich eines Indikators oder Vorliegens nur eines Messzeitpunkts wurde der Mittelwert der Werte der Fälle, für die Daten verfügbar sind, verwendet (3).[23] Es muss berücksichtigt wer-

20 Für ARG und URY sind nur Daten in Bezug auf die städtische Bevölkerung verfügbar. Allerdings leben in beiden Ländern ungefähr 90% der Bevölkerung in urbanen Gebieten. (vgl. Solt 2009: 235)

21 Dieses Verfahren wurde bei den Indikatoren des Bildungsgrad, der Handelsoffenheit, der Kapitaloffenheit, des politischen Regimetyps und der ökonomischen Ungleichheit angewendet.

22 Dieses Verfahren wurde bei den Indikatoren der Bevölkerungsgröße, des Bildungsgrads, der Handelsoffenheit, der Kapitaloffenheit, des politischen Regimetyps, der ökonomischen Entwicklung und der ökonomischen Ungleichheit angewendet.

23 Der Periodenmittelwert wurde bei den Indikatoren des Bildungsgrads (BRA), ökonomischer Entwicklung (CUB, JAM) und ökonomischer Ungleichheit (CUB) verwendet.

den, dass die Schätzung fehlender Messzeitpunkte auf Basis einer linearen Regression eine lineare Entwicklung unterstellt (vgl. Roller 2005: 145). Dies ist insbesondere in Bezug auf die politischen Variablen problematisch. Da die Annahme einer linearen Entwicklung des Anteils linker Parteien im Parlament unrealistisch ist, wurden für diesen Indikator keine fehlenden Werte geschätzt. Für alle berücksichtigten Länder fehlt der Wert für das Jahr 1982 auf den Indizes Politische Rechte und Bürgerliche Freiheiten von Freedom House. Da der Demokratiegrad als relativ stabiler Faktor betrachtet werden kann, wurden hier auf Basis linearer Regressionen die Werte für 1982 geschätzt. Die vorhandenen Daten zum relativen Anteil linker Parteien am Parlament von Huber u. a. (2012) wurden um CUB ergänzt. CUB kann nach Freedom House (2013) für den Gesamtuntersuchungszeitraum als Autokratie (1980-2008) betrachtet werden. Deshalb erhält es auf dem gewichteten additiven Index des Links-Rechts Gleichgewichts in Bezug auf den relativen Sitzanteil linker und rechter Parteien im Parlament zur Messung des relativen Anteils linker Parteien im Parlament den Wert ‚0'. Wie zuvor erläutert, setzt die Machtressourcentheorie Demokratie voraus.

In *Tabelle 1* wird die Operationalisierung der abhängigen und unabhängigen Variablen zusammenfassend dargestellt.

Tabelle 1: Operationalisierung der abhängigen und der unabhängigen Variablen

Konstrukt	Indikator	Skala	Erw. Effekt	Datenbasis
Abhängige Variable				
Ökonomische Ungleichheit	Gini-Index in Bezug auf Ungleichheit im verfügbaren Einkommen zwischen Haushalten gewichtet nach dem Anteil erwachsener Haushaltsmitglieder und der Anzahl der Haushaltsmitglieder * 100.	0 - 100	-	Solt (2009)
Unabhängige Variablen				
Politischer Regimetyp	Messung des Demokratiegrads anhand eines additiven Index der beiden Indizes ‚Politische Rechte' und ‚Bürgerliche Rechte' von Freedom House	2 - 14	negativ	Freedom House (2013)
Relativer Anteil linker Parteien im Parlament	Gewichteter additiver Index des Links-Rechts Gleichgewicht in Bezug auf den relativen Sitzanteil linker und rechter Parteien im Parlament: Indexwert = +(1.0) * (%-Sitzanteil von linken Parteien) +(0.5) * (%-Sitzanteil von Links-Zentrums -Parteien) +(0.0) * (%-Sitzanteil von anderen Parteien) +(-0.5) * (%-Sitzanteil von Rechts-Zentrums-Parteien) +(-1.0) * (%-Sitzanteil von rechten Parteien) Der Index erhält den Wert ‚0' für nicht-demokratische Länderjahre. Klassifikation der Parteien Lateinamerikas nach Coppedge (1997) und Huber u. a. (2012).	- ~ - +~	negativ	Huber u. a. (2012)

Konstrukt	Indikator	Skala	Erw. Effekt	Datenbasis
Kontrollvariablen				
Ökonomische Entwicklung	Nach Kaufkraftparität gewichtetes Bruttoinlandsprodukt (BIP) pro Kopf in 1,000 konstanten 2005 US-Dollars	0 - +~	negativ	World Bank (2013)
Bildungsgrad	Prozentualer Anteil von Personen, die weiterführende Schulen besuchen, an den Personen im offiziellen Schulalter	0 - 100%	negativ	World Bank (2014)
Bevölkerungswachstum	Prozentualer Anteil der jährlichen Veränderung der Bevölkerungsgröße an der Bevölkerungsgröße	0 - 100%	positiv	World Bank (2014)
Kapitaloffenheit	Prozentualer Anteil des kumulierten Anteils ausländischer Direktinvestitionen am Bruttoinlandsprodukt (BIP)	0 - 100%	positiv	UNCTADSTAT (2012)
Handelsoffenheit	Handelsoffenheit - Prozentualer Anteil der Summe von Exporten und Importen am Bruttoinlandsprodukt	0 - 100%	positiv	World Bank (2013)
Inflation	Jährliche prozentuale Veränderung der Verbraucherpreise	-~% - +%	negativ	World Bank (2014)
Bevölkerungsgröße	Gesamtanzahl der Bevölkerung in 100,000 Bürgern	0 - +~	-	World Bank (2013)

7. Niveau ökonomischer Ungleichheit in Lateinamerika

Vor der erklärenden Analyse, inwiefern der politische Regimetyp und die Regierungsbeteiligung linker Parteien zur Erklärung des Niveaus ökonomischer Ungleichheit zwischen den Ländern Lateinamerikas beitragen, wird zunächst die deskriptive Verteilung der abhängigen Variablen betrachtet. In *Tabelle 2* wird das Niveau ökonomischer Ungleichheit gemessen anhand Durchschnitts des Gini-Koeffizienten für die beiden Untersuchungsperioden dargestellt.

Weltweit variiert die Einkommensungleichheit, gemessen anhand des Gini-Koeffizienten, zwischen 25 und 60 (vgl. Birdsdall u. a. 2011: 3; López-Calva/Lustig 2010: 1). Vor diesem Hintergrund kann eine Varianz des Niveaus ökonomischer Ungleichheit zwischen den Ländern Lateinamerikas in beiden Untersuchungsperioden auf hohem Niveau festgestellt werden. In dem Zeitraum von 1980 bis 1997 variiert die Höhe der Ungleichheit im verfügbaren Einkommen, gemessen anhand des Gini-Koeffizienten, zwischen 39.0 in TTO und 56.8 in JAM. Von 1998 bis 2008 zwischen 37.1 in TTO und 54.4 in HTI. Im Periodendurchschnitt von 1980 bis 1997 weisen im regionalen Vergleich TTO, URY, VEN, ARG und CRI ein im intra-regionalen Vergleich geringes Niveau ökonomischer Ungleichheit auf. NIC, PER und JAM dagegen ein relativ hohes Niveau ökonomischer Ungleichheit. Im Periodendurchschnitt von 1998 bis 2008 weisen im intra-regionalen Vergleich TTO, GUY, VEN und URY ein geringes Niveau ökonomischer Ungleichheit auf (vgl. auch Lopez/Perry 2008: 3f.). BOL und HTI dagegen ein relativ hohes Niveau ökonomischer Ungleichheit. Dass möglicherweise politische Faktoren zur Erklärung der Varianz ökonomischer Ungleichheit in Lateinamerika beitragen, wird ersichtlich, betrachtet man die Länder mit einer im intra-regionalen Vergleich geringen Ungleichheit: ARG, CRI, TTO, URY und VEN. In der Vergleichenden Wohlfahrtsstaatsforschung besteht Einigkeit, dass sich außerhalb der englischsprachigen Karibik die Wohlfahrtsstaaten von ARG, CHL, CRI, CUB und URY durch eine hohes Ausmaß und eine hohe Inklusion sozialstaatlicher Sicherungssysteme für lateinamerikanische Verhältnisse auszeichnen (vgl. Huber/Stephens 2012: 77f.; Molyneux 2008: 776; Huber/Stephens o. J.: 3f.). CRI und URY werden dabei als relativ stabile Demokratien und Länder mit traditionell relativ starken

Tabelle 2: Niveau ökonomischer Ungleichheit in Lateinamerika nach Untersuchungsphase

Land	1980-1997	Land	1998-2008
Trinidad und Tobago	39.0	Trinidad und Tobago	37.1
Uruguay	40.7	Guyana	40.1
Venezuela	42.1	Venezuela	42.4
Argentinien	42.3	Uruguay	42.5
Costa Rica	42.5	Costa Rica	44.8
Paraguay	45.1	Argentinien	45.8
Guyana	45.6	El Salvador	46.1
Dominikanische	45.8	Dominikanische Re-	47.0
El Salvador	46.7	Mexiko	47.2
Mexiko	47.0	Kuba	48.2
Ecuador	47.7	Surinam	48.5
Kuba	48.3	Jamaica	49.1
Panama	49.4	Brasilien	49.8
Surinam	49.4	Nicaragua	50.0
Bolivien	50.0	Chile	50.3
Kolumbien	50.0	Panama	50.6
Honduras	51.5	Kolumbien	50.9
Chile	51.5	Honduras	51.1
Brasilien	51.6	Paraguay	51.5
Guatemala	51.8	Ecuador	51.5
Haiti	53.8	Guatemala	52.1
Nicaragua	55.1	Peru	52.3
Peru	55.2	Bolivien	53.8
Jamaica	56.8	Haiti	54.4
Alle Länder	48.3	Alle Länder	48.2

Anmerkungen: Darstellung der Periodenmittelwerte; Operationalisierung ökonomischer Ungleichheit und Quelle der Daten siehe *Tabelle 1*; eigene Berechnungen.

linken Parteien beschrieben (vgl. Huber 2009: 653). CHL[24] und CUB fallen in dieser Ländergruppe mit einer hohen Ungleichheit auf.

24 CHL ist gleichzeitig das Land mit der geringsten Armutsrate in Lateinamerika. Dies wird darauf zurückgeführt, dass das relativ stabile ökonomische Wachstum das Einkommen Unter-, Mittel- und Oberschichten erhöht hat, aber die Unterschiede zwischen ihnen reproduziert hat (vgl. Barozet 2011: 316).

Hier muss berücksichtigt werden, dass es sich bei den Werten für CUB um einen Schätzwert handelt. Im Vergleich zu ARG, CRI, URY demokratisierte sich CHL erst Ende der 1980er. In der Militärdiktatur unter Pinochet wurde die Arbeiterbewegung entmachtet und die Kapazität des Staates in die Wirtschaft einzugreifen stark reduziert (vgl. Huber/Stephens o. J.: 22, 25).Es wird argumentiert, dass der Handlungsspielraum linker Regierungen zur Veränderung der Sozialpolitiken auch gegenwärtig eingeschränkt ist (vgl. Huber/Stephens o. J.: 22, 25). Auch würden bestehende politische Institutionen rechte Parteien privilegieren (vgl. Huber/Stephens o. J.: 22, 25).

8. Determinanten ökonomischer Ungleichheit in Lateinamerika

Inwiefern der politische Regimetyp und der relative Anteil linker Parteien im Parlament zur Erklärung der Varianz ökonomischer Ungleichheit in Lateinamerika beitragen, wird im Folgenden anhand von linearen Regressionen analysiert. Diese ermöglichen es, Aussagen über die Stärke des Effekts einer bzw. mehrerer Prädiktoren auf die abhängige Variable zu machen. Dies wird dadurch erreicht, dass eine Näherungsfunktion mathematisch ermittelt wird, die die Verteilung der beobachteten Werte, die sich aus der Kombination unabhängiger und abhängiger Variablen ergibt, möglichst optimal schätzt. Dafür wird die Methode der kleinsten Quadrate verwendet, d. h. im bivariaten Fall wird der Steigungsparameter ‚b' und der Schnittpunkt mit der Y-Achse rechnerisch so bestimmt, dass die quadrierten Abstände zwischen beobachteten und geschätzten Werten optimal minimiert werden bzw. die durch die Funktion nicht erklärte Varianz möglichst gering ist[25]. Aufgrund der geringen Fallzahl (N=24) wird der Effekt des Regimetyps und des relativen Anteils linker Parteien im Parlament zunächst anhand von bivariaten Regressionen analysiert (*Kapitel 8.1*). In multivariaten Regressionsanalysen wird dann im paarweisen Vergleich mit den ökonomischen und demographischen Kontrollvariablen die Stabilität der bivariaten Effekte des politischen Regimetyps und des relativen Anteils linker Parteien im Parlament analysiert (*Kapitel 8.2*). Die bi- und multivariaten Regressionsmodelle werden jeweils für die Länderdurchschnitte ökonomischer Ungleichheit von 1980 bis 1997 und von 1998 bis 2008 gerechnet. Anhand des Tests der Stabilität der Parameter wird betrachtet, ob der Effekt des relativen Anteils linker Parteien im Parlament abhängig von dem ‚conventional wisdom' ökonomischer Entwicklung und damit des angemessenen Verhältnisses zwischen Staat und Markt zur Steuerung der Wirtschaft ist. (vgl. Urban/Mayerl 2011: 39-46; Maier u. a. 2000: 90-106)

Da die Resultate der Regressionsmodelle insbesondere aufgrund der kleinen Fallzahl von Ausreißern abhängig sein können (vgl. Urban/Mayerl 2011: 185; Lauth u. a. 2009: 101), werden sie

25 Bei mehreren unabhängigen Variablen liegt die Funktion in einem multidimensionalen Raum (vgl. Urban/Mayerl 2011: 83).

auch unter Ausschluss identifizierter Ausreißer berichtet. Als Ausreißer werden im Folgenden zum einen Fälle definiert, deren Residuum +/-2 Standardabweichungen bivariat von der Regressionsgeraden bzw. multivariat der Regressionsfläche entfernt sind (vgl. Urban/Mayerl 2011: 185). Solche Fälle werden damit „im Regressionsmodell nicht adäquat berücksichtigt" (Urban/Mayerl 2011: 185). Diese Fälle werden im Folgenden sukzessive ausgeschlossen. Für das Modell in dem kein Fall +/-2 Standardabweichungen von der Regressionsgeraden bzw. -fläche abweicht, werden weitere Maßzahlen zur Identifikation von einflussreichen Fällen - DFBETA, der Leverage-Index und Cooks'D - herangezogen und diese ebenfalls als Ausreißer ausgeschlossen. DFBETA's messen den Einfluss eines Falles auf den Regressionskoeffizienten eines bestimmten Prädiktors (vgl. Hamilton 1992: 125). Aufgrund der kleinen Fallzahl werden hier Fälle mit standardisierten DFBETA-Werten größer als +/-1 als einflussreich beurteilt (vgl. Urban/Mayerl 2011: 189). Cooks'D misst den Einfluss eines Falles auf das Gesamtmodell (vgl. Urban/Mayerl 2011: 189; Hamilton 1992: 132). Fälle mit einem Cook'D größer als +/-1 werden als problematisch angesehen (vgl. Urban/Mayerl 2011: 189; Hamilton 1992: 132). Der Leverage-Index misst die Extremität von Fällen in Bezug auf die Werte der Prädiktoren bzw. der Kombination extremer Werte der Prädiktoren im multivariaten Fall (vgl. Hamilton 1992: 130). Extreme Fälle können als potentielle Ausreißer interpretiert werden (vgl. Urban/Mayerl 2011: 188). Aufgrund der geringen Fallanzahl werden hier Fälle mit einem Leverage-Indexwert größer als 3k/N[26] als problematisch betrachtet (vgl. Urban/Mayerl 2011: 188). Problematisch für die multivariate Regressionsanalyse ist auch eine zu hohe Kollinearität[27], d. h. eine lineare Abhängigkeit der in das Modell einbezogenen Prädiktoren (vgl. Urban/Mayerl 2011: 225ff.). Dabei kann sie, was hier relevant ist, auch Folge einer zu kleinen Fallzahl sein. Zur Kontrolle auf Kollinearität wird vor Darstellung der Resultate der multivariaten Regressionsmodelle die Höhe der bivariaten Korrelationen der Prädiktoren betrachtet. Für das multivariate Modell mit der höchsten Erklärungskraft (*Modell 2* in *Tabelle 8a*) werden weitere Annahmen der

---

26 k = Anzahl der unabhängigen Variablen im Modell, N = Anzahl der Fälle

27 Multikollinearität bei einer linearen Abhängigkeit zwischen mehr als zwei unabhängigen Variablen.

linearen Regression im Anhang überprüft. Wie zuvor erläutert (siehe *Kapital 6.1*) wird in den bi- und multivariaten Regressionsmodellen die Bevölkerungsgröße berücksichtigt. In keinem der Regressionsmodelle wird ein Effekt der Bevölkerungsgröße auf Ungleichheit festgestellt. Auch bleiben die Effekte der politischen Erklärungsfaktoren bei ihrer Kontrolle stabil. Da die Grundgesamtheit (Lateinamerika) analysiert wird, wird die Signifikanz im Folgenden als „Orientierungsmaß für die Güte" (Jahn 2013: 377) der untersuchten Zusammenhänge herangezogen (vgl. Jahn 2013: 377).

8.1 Bivariate Regressionsanalyse

Tabelle 3 stellt die Resultate der bivariaten Regressionsanalyse für den Untersuchungszeitraum von 1980 bis 1997 dar.

Im Durchschnitt kann für diesen Zeitraum, wie innerhalb der politisch-institutionalistischen Theorie erwartet, ein negativer Effekt des politischen Regimetyps, gemessen am Demokratiegrad, auf das Niveau ökonomischer Ungleichheit festgestellt werden (b=-.813**). Der Zusammenhang zwischen dem Demokratiegrad und Ungleichheit ist moderat stark und statistisch signifikant (beta=-.442**). Bei Kontrolle von Ausreißern - CUB, HTI und JAM - wird der negative Effekt stärker (b=-1.347***). Die theoretische Erwartung innerhalb der Machtressourcentheorie, dass der relative Anteil Anteil linker Parteien im Parlament einen negativen Effekt auf Ungleichheit aufweist, wird für den Zeitraum von 1980 bis 1997 vorläufig bestätigt (b=-7.789). Der Zusammenhang zwischen dem relativen Anteil linker Parteien im Parlament, gemessen anhand des relativen Anteils linker im Vergleich zu rechten Parteien im Parlament, und Ungleichheit ist - auch bei Kontrolle von Ausreißern - negativ, aber schwach und nicht signifikant (beta=-.282).

Entsprechend den Erwartungen des modernisierungstheoretischen Erklärungsansatzes werden ein negativer Effekt des Niveaus ökonomischer Entwicklung (b=-.951***), ein negativer Effekt des Bildungsgrades (b=-.077) und ein positiver Effekt der des Bevölkerungswachstums (b=1.399) auf Ungleichheit festgestellt. Die Effekte des Bildungsgrades (beta=-.289) und des Bevölkerungswachstums

Tabelle 3: Determinanten ökonomischer Ungleichheit im Länderdurchschnitt, 1980-1997 (Bivariate Regression)

	Alle Länder (N=24)			ohne Ausreißer		
	B *Beta*	Sig.	Ausreißer	b *beta*	Sig.	N
Linke Parteien	-7.789 *.282*		TTO, SLV	-6.318 *-.188*		22
Politischer Regimetyp	-.813 *-.442*	**	CUB, JAM, HTI	-1.347 *-.594*	***	21
Ökon. Entwicklung	-.951 *-.546*	***	JAM, TTO	-.808 *-.479*	***	22
Bildungsgrad	-.077 *-.289*		HTI, GTM	-.049 *-.156*		22
Bev.wachstum	1.399 *.226*		GUY	1.146 *.195*		23
Kapitaloffenheit	-.027 *-.074*		PAN, TTO	.108 *.212*		22
Handelsoffenheit	-.007 *-.053*		GUY	.004 *.025*		23
Inflationsgrad	.004 *.183*		BOL, BRA	.003 *.100*		22
Bevölkerungsgröße	.002 *.101*		BRA	-.001 *-.042*		23

Anmerkungen: *** <.01, ** <.05, *<.1; b = unstandardisierter Regressionskoeffizient; beta = standardisierter Regressionskoeffizient; Sig. = Signifikanz; Operationalisierung und Quelle der Daten: siehe *Tabelle 1*, eigene Berechnungen.

(beta=-.226) sind aber schwach und statistisch nicht signifikant. Der negative Zusammenhang zwischen ökonomischer Entwicklung und Ungleichheit ist dagegen moderat stark (beta=-.546***) und statistisch signifikant. Richtung, Stärke und Signifikanz bleiben auch bei Kontrolle von Ausreißern (JAM und TTO) stabil (b=-.808***). Kapitaloffenheit weist keinen Effekt auf Ungleichheit auf (beta=-.074). Nach Kontrolle von Ausreißern (PAN und TTO) kann ein schwacher positiver, aber nicht signifikanter auf Ungleichheit festgestellt werden (beta=.212). Damit kann weder die theoretische Erwartung des weltsystemtheoretischen Erklärungsansatzes, dass Kapitaloffenheit zu Ungleichheit beträgt, noch die der klassischen ökonomischen Theorie, dass Kapitaloffenheit zur Reduktion von Ungleichheit beiträgt, vorläufig bestätigt werden. Dies trifft auch auf Handelsoffenheit - auch bei Kontrolle eines Ausreißers (GUY) - als weiter Indikator ökonomischer Globalisierung - zu (beta=-.053). Entgegen der Erwartungen auf Basis bisheriger empirischer Resultate kann - auch bei der Kontrolle von Ausreißern (BOL und BRA) - kein Effekt des Inflationsgrads auf Ungleichheit festgestellt werden (beta=.183).

Für den Zeitraum von 1998 bis 2008 (siehe *Tabelle 4*) wird entsprechend der Erwartung der politisch-institutionalistischen Theorie ein negativer Effekt des Regimetyps, gemessen am Demokratiegrad, auf Ungleichheit festgestellt (b=-.508). Der Effekt ist allerdings schwach und statistisch nicht signifikant (beta=-.310). Bei Ausschluss von Ausreißern (CUB, GUY, TTO, VEN) verdoppelt sich der negative Effekt des Demokratiegrads. Es liegt dann ein sehr starker statistisch signifikanter Zusammenhang zwischen Demokratiegrad und Ungleichheit vor (beta=-.701***). In dem Zeitraum von 1998 bis 2008 weist der relative Anteil linker im Vergleich zu rechten Parteien im Parlament im Durschnitt, entsprechend den theoretischen Erwartungen innerhalb der Machtressourcentheorie, einen negativen Effekt auf das Niveau der Ungleichheit auf (b=-13.056). Der Effekt ist stark und statistisch signifikant (beta=-.687***). Kontrolliert man Ausreißer (GUY, TTO und PRY) verringert sich allerdings die Effektstärke. Es liegt dann ein moderater statistisch signifikanter negativer Effekt des Anteils linker im Vergleich zu rechten im Parlament vor (b=-9.930*, beta=-.423*).

Entsprechend den theoretischen Erwartungen des modernisierungstheoretischen Erklärungsansatzes weisen das Niveau ökonomischer Entwicklung und der Bildungsgrad auch zwischen 1980 und 2008 durchschnittlich einen negativen Effekt und das Bevölkerungswachstum einen positiven Effekt auf Ungleichheit auf. Betrachtet man die standardisierten Regressionskoeffizienten, sind die Effekte stark und statistisch signifikant. Effektstärke, Richtung und Signifikanz sind auch bei der Kontrolle von Ausreißern stabil. Kapitaloffenheit weist einen schwachen statistisch signifikanten negati ven Effekt auf Ungleichheit auf (beta=-.371*). Nach Kontrolle von Ausreißern (GUY, TTO, URY, VEN) kann allerdings kein Effekt der

Tabelle 4: Determinanten ökonomischer Ungleichheit im Länderdurchschnitt, 1998-2008 (Bivariate Regression)

	Alle Länder (N=24)			ohne Ausreißer		
	b *beta*	Sig.	Ausreißer	b *beta*	Sig.	N
Linke Parteien	-13.056 *-.687*	***	GUY, PRY, TTO	-9.390 *-.423*	*	21
Politischer Regimetyp	-.508 *-.310*		CUB, GUY, VEN, TTO	-1.037 *-.701*	***	20
Ökon. Entwicklung	-.605 *-.556*	***	GUY, TTO	-.570 *-.564*	***	22
Bildungsgrad	-.139 *-.486*	**	HTI, TTO	-.099 *-.370*	*	22
Bev.wachstum	3.849 *.569*	***	CRI, CUB, GUY, GTM, TTO, VEN, URY	4.049 *.726*	***	17
Kapitaloffenheit	-.078 *-.371*	*	GUY, TTO, URY, VEN	.010 *.064*		20
Handelsoffenheit	-.035 *-.334*		GUY, TTO	.011 *.095*		22
Inflationsgrad	.111 *.157*		ECU, GUY, TTO, SUR	-.004 *-.007*		20
Bevölkerungsgröße	.001 *.094*		BRA	.001 *.050*		23

Anmerkungen: *** p<.01, ** p<.05, *p<.1; b = unstandardisierter Regressionskoeffizient; beta = standardisierter Regressionskoeffizient; Sig. = Signifikanz; Operationalisierung und Quelle der Daten: siehe *Tabelle 1;* eigene Berechnungen.

Kapitaloffenheit auf Ungleichheit festgestellt werden (beta=.064). Damit findet auch für diesen Untersuchungszeitraum weder die theoretische Erwartung innerhalb des weltsystemtheoretischen Erklärungsansatzes, dass Kapitaloffenheit zu Ungleichheit beitragen, noch die der klassischen ökonomischen Theorie, dass Kapitaloffenheit Ungleichheit reduziert, Bestätigung. Dies trifft auch für Handelsoffenheit als weiteren Indikator ökonomischer Globalisierung zu. Nach Kontrolle von Ausreißern (GUY, TTO) kann entgegen den Erwartungen der klassischen ökonomischen Theorie kein Effekt der Handelsoffenheit auf Ungleichheit festgestellt werden (beta=.095). Auch wird entgegen der Erwartungen kein positiver Effekt des Inflationsgrads als ökonomischer Krisen-Indikator auf Ungleichheit gefunden (beta=.157).

Insgesamt tragen bivariat die politischen Faktoren zur Erklärung der Varianz ökonomischer Ungleichheit in Lateinamerika bei. Allerdings sind die Ergebnisse periodenspezifisch. Bivariat kann für den Zeitraum von 1980 bis 1997 die Hypothese innerhalb der politisch-institutionalistischen Theorie vorläufig bestätigt werden. Je höher der Demokratiegrad, desto niedriger die Ungleichheit. In dem Zeitraum von 1998 bis 2008 ist der Effekt des politischen Regimetyps uneinheitlich. Die Hypothese innerhalb der Machtressourcentheorie, dass der Anteil linker im Vergleich zu rechten Parteien im Parlament mit einer geringen Ungleichheit einhergeht, wird bivariat für den Zeitraum von 1998 bis 2008 vorläufig bestätigt. Dagegen wird bei Untersuchung der Länderdurchschnitte des Zeitraums von 1980 bis 1997 kein signifikanter Effekt des Anteils linker im Vergleich zu rechten Parteien im Parlament auf Ungleichheit festgestellt. Es kann festgestellt dass im Durchschnitt der Effekt des relativen Anteils linker Parteien auf Ungleichheit von 1998 bis 2008 (b=-7.789) stärker ist als von 1980 bis 1997 (b=-13.056). Dies entspricht der theoretischen Erwartung, dass innerhalb des ‚conventional wisdom' ökonomischer Entwicklung der 1980er und 1990er Jahre linke Parteien in Lateinamerika weniger redistributive Politiken verfolgt haben.

8.2 Multivariate Regressionsanalyse

Im Folgenden wird die Stabilität der Effekte des politischen Regimetyps und linker Parteien im paarweisen Vergleich mit den ökonomischen und demographischen Erklärungsfaktoren in multivariaten Regressionsanalysen untersucht. Wie zuvor erläutert, werden zunächst zum Test auf Kollinearität der unabhängigen Variablen, die bivariaten Korrelationen zwischen den unabhängigen Variablen betrachtet. Ab einem Pearsons r von +/-0.7 (vgl. Tabachnick/Fidell 1996: 86) bzw. +/-0.8 (vgl. Urban/Mayerl 2011: 102) kann von ernsthafter Kollinearität ausgegangen werden. Keine der bivariaten Korrelationen zwischen den Prädiktoren in beiden Untersuchungs

Tabelle 5a: Politischer Regimetyp und ökonomische Ungleichheit im Länderdurchschnitt, 1980-1997 (Multivariate Regression)

	Modell 1				**Modell 2**			
	N=24		N=21		N=24		N=22	
UV	b *beta*	Sig.	b *beta*	Sig.	b *beta*	Sig.	B *Beta*	Sig.
Konstante	54.871 -	***	58.147 -	***	56.912 -	***	57.587 -	***
Regimetyp	-.720 *-.392*	*	-1.127 *-.593*	***	-.454 *-.246*		-.908 *-.447*	**
Linke Parteien	-4.321 *-.157*		-4.283 *-.175*					
Ökonomische Entwicklung					-.759 *-.436*	**	-.567 *-.352*	**
Bildungs-Grad								
Bev.-Wachstum								
R^2	.217		.470		.347		.491	
Ausreißer	CUB, JAM, PER		-		CUB, JAM		-	
	Modell 3				**Modell 4**			
	N=24		N=21		N=24		N=19	
	b *beta*	Sig.	b *beta*	Sig.	b *beta*	Sig.	B *beta*	Sig.
Konstante	58.470 -	***	61.103 -	***	56.101 -	***	55.178 -	***
Regimetyp	-.742 *-.403*	**	-1.073 *-.564*	***	-.808 *-.439*	**	-1.433 *-.739*	***
Linke Parteien								
Ökonomische Entwicklung								
Bildungs-Grad	-.058 *-.218*		-.061 *-.246*					
Bev.-Wachstum					-.016 *-.044*		3.413 *.437*	***
R^2	.241		.495		.197		.745	
Ausreißer	CUB, JAM, PER		-		CUB, GUY, JAM, PER, PRY		-	

Anmerkungen: Signifikanz: *** p<.01, ** p<.05, *p<.1; b = unstandardisierter Regressionskoeffizient; beta = standardisierter Regressionskoeffizient; Sig. = Signifikanz; Operationalisierung und Quelle der Daten: siehe *Tabelle 1*, eigene Berechnungen.

Tabelle 5b: Politischer Regimetyp und ökonomische Ungleichheit im Länderdurchschnitt, 1980-1997 (Multivariate Regression)

	Modell 5				**Modell 6**			
	N=24		N=21		N=24		N=20	
UV	b *beta*	Sig.	b *beta*	Sig.	b *beta*	Sig.	B *Beta*	Sig.
Konstante	56.101 -	***	58.362 -	***	56.392 -	***	62.047 -	***
Regimetyp	-.808 *-.439*	**	-1.100 *-.558*	***	-.815 *-.443*	**	-1.283 *-.628*	***
Kapitaloffen-heit	-.016 *-.044*		-.023 *-.062*					
Handelsoffen-heit					-.008 *-.060*		-.033 *-.227*	
Inflation								
Bev.größe								
R^2	.197		.326		.199		.451	
Ausreißer	CUB, JAM, TTO		-		CUB, GUY, JAM, PAN		-	
	Modell 7				**Modell 8**			
	N=24		N=21		N=24		N=21	
	b *beta*	Sig.	b *beta*	Sig.	b *beta*	Sig.	b *beta*	Sig.
Konstante	55.620 -	***	60.108 -	***	55.661 -	***	60.358 -	***
Regimetyp	-.849 *-.464*	**	-1.369 *-.677*	**	-.820 *-.445*	**	-1.323 *-.660*	***
Kapitaloffen-heit								
Handelsoffen-heit								
Inflation	.004 *.223*		.007 *.299*	*				
Bev.größe					-.000 *-.115*		-.000 *-.000*	
R^2	.245		.502		.209		.436	
Ausreißer	BOL, CUB, JAM		-		CUB, BRA, JAM		-	

Anmerkungen: Signifikanz: *** p<.01, ** p<.05, *p<.1; b = unstandardisierter Regressionskoeffizient; beta = standardisierter Regressionskoeffizient; Sig. = Signifikanz; Operationalisierung und Quelle der Daten: siehe *Tabelle 1*, eigene Berechnungen.

Tabelle 6a: Politischer Regimetyp und ökonomische Ungleichheit im Länderdurchschnitt, 1998-2008 (Multivariate Regression)

	Modell 1				**Modell 2**			
	N=24		N=23		N=24		N=22	
UV	b *beta*	Sig.	b *beta*	Sig.	b *beta*	Sig.	B *Beta*	Sig.
Konstante	52.514 -	***	56.380 -	***	5.745 -	***	54.287 -	***
Regimetyp	-.423 *-.259*	*	-.766 *-.346*	**	-.264 *-.161*		-.176 *-.147*	
Linke Parteien	-12.676 *-.667*	***	-12.315 *-.648*	***				
Ökonomische Entwicklung					-.554 *-.509*	**	-.518 *-.513*	**
Bildungs-Grad								
Bev.-Wachstum								
R^2	.539		.590		.339		.337	
Ausreißer	CUB		-		GUY, TTO		-	
	Modell 3				**Modell 4**			
	N=24		N=19		N=24		N=19	
	b *beta*	Sig.	b *beta*	Sig.	b *beta*	Sig.	b *beta*	Sig.
Konstante	60.217 -	***	60.946 -	***	48.504 -	***	56.012 -	***
Regimetyp	-.293 *-.179*		-1.122 *-.383*	**	-.514 *-.314*	*	-.880 *-.485*	**
Linke Parteien								
Ökonomische Entwicklung								
Bildungs-Grad	-.123 *-.432*	**	-.015 *-.047*					
Bev.-Wachstum					3.862 *.571*	***	2.139 *.429*	**
R^2	.265		.427		.422		.580	
Ausreißer	CUB, GUY, HTI, TTO, VEN		-		CUB, HTI, GUY, TTO, VEN		-	

Anmerkungen: Signifikanz: *** p<.01, ** p<.05, *p<.1; b = unstandardisierter Regressionskoeffizient; beta = standardisierter Regressionskoeffizient; Sig. = Signifikanz; Operationalisierung und Quelle der Daten: siehe *Tabelle 1*, eigene Berechnungen.

Tabelle 6b: Politischer Regimetyp und ökonomische Ungleichheit im Länderdurchschnitt, 1998-2008 (Multivariate Regression)

	Modell 5				Modell 6			
	N=24		N=23		N=24		N=20	
UV	b *beta*	Sig.	B *beta*	Sig.	b *beta*	Sig.	B *Beta*	Sig.
Konstante	54.372 -	***	57.975 -	***	54.137 -	***	60.087	***
Regimetyp	-.380 *-.232*		-.734 *-.332*		-.372 *-.227*		-1.113 *-.753*	***
Kapitaloffen-heit	-.066 *-.312*		-.054 *-.258*					
Handelsoffen-heit					-.028 *-.262*		-.022 *-.210*	
Inflation								
Bev.größe								
R^2	.188		.235		.158		.534	
Ausreißer	CUB		-		CUB, GUY, TTO, VEN		-	

	Modell 7				Modell 8			
	N=24		N=19		N=24		N=19	
	b *beta*	Sig.	b *beta*	Sig.	b *beta*	Sig.	b *beta*	Sig.
Konstante	52.482 -	***	60.535 -	***	53.257 -	***	61.420 -	***
Regimetyp	-.496 *-.303*		-1.032 *-.694*	***	-.499 *-.305*		-1.064 *-.720*	***
Kapitaloffen-heit								
Handelsoffen-heit								
Inflation	.100 *.141*		.019 *.031*					
Bev.größe					.001 *.070*		-.002 *-.174*	
R^2	.116		.491		.101		.522	
Ausreißer	CUB, GUY, SUR, TTO, VEN		-		BRA, CUB, GUY, TTO, VEN		-	

Anmerkungen: Signifikanz: *** p<.01, ** p<.05, *p<.1; b = unstandardisierter Regressionskoeffizient; beta = standardisierter Regressionskoeffizient; Sig. = Signifikanz; Operationalisierung und Quelle der Daten: siehe *Tabelle 1*, eigene Berechnungen.

perioden (siehe *Tabelle A3* und *A4* im *Anhang*) übersteigt diese Grenzwerte.

Es ist aber auf die moderat starke signifikante Korrelation zwischen dem Niveau ökonomischer Entwicklung und dem Regimetyp, gemessen an dem Demokratiegrad, in der ersten Untersuchungsphase hinzuweisen ($r_{1980\text{-}1999}$=.447**). Der Regimetyp wird als Determinante ökonomischer Entwicklung theoretisch diskutiert (vgl. Sirowy/Inkeles 1990: 127-134). Auch ist die moderat starke Korrelation zwischen dem relativen Anteil linker im Vergleich zu rechten Parteien im Parlament und der Kapitaloffenheit in der zweiten Untersuchungsphase zu berücksichtigen ($r_{1998\text{-}2008}$=.426**). Dies ist darauf zurückzuführen, dass TTO deskriptiv eine extrem hohe Kapitaloffenheit als auch einen hohen Anteil linker im Parteien Parlament aufweist (siehe *Tabelle A2* im *Anhang*)[28]. In beiden Untersuchungsphasen weisen die Prädiktoren, die innerhalb des modernisierungstheoretischen Erklärungsansatzes identifiziert wurden, untereinander relativ hohe bivariate Korrelationen auf. Auch die Indikatoren ökonomischer Globalisierung - Handelsoffenheit und Kapitaloffenheit - korrelieren relativ hoch miteinander. Da unterschiedliche Effektrichtungen erwartet wurden, werden sie, auch anschließend an bisherige empirische Analysen, nicht zusammengefasst. Dabei wird in den multivariaten Regressionsmodellen aufgrund der geringen Fallzahl neben den politischen Erklärungsfaktoren auch jeweils nur eine Kontrollvariable berücksichtigt.

Wie bivariat kann auch multivariat ein negativer Effekt des politischen Regimetyps, gemessen am Demokratiegrad, auf Ungleichheit im Durchschnitt für den Zeitraum 1980 bis 1997 festgestellt werden (siehe *Tabelle 5a* und *Tabelle 5b* im Folgenden). Vergleicht man die unstandardisierten Regressionskoeffizienten bleibt der bivariate negative Effekt des Demokratiegrads auf Ungleichheit in Bezug auf Stärke und Signifikanz weitgehend stabil. Wie auch bivariat verstärken sich Stärke und Signifikanz des Effekts unter Ausschluss von Ausreißern. Allerdings wird unter statistischen ‚Kontrolle' des Niveaus ökonomischer Entwicklung der Effekt des politischen Regimetyps auf Ungleichheit schwächer und insignifikant (b=-.454) (siehe *Modell 2* in *Tabelle 5a*). Dies ist allerdings auf

28 Bei Ausschluss von TTO beträgt $r_{1998\text{-}2008}$=.247.

zwei Ausreißer (CUB und JAM) zurückzuführen. Nach ihrer Kontrolle ist der Effekt des politischen Regimetyps in Bezug auf Höhe und Signifikanz mit dem bivariaten Effekt vergleichbar (-.908**). Betrachtet man die standardisierten Regressionskoeffizienten ist in fast allen Modellen der Demokratiegrad der entscheidende Faktor in Bezug auf Ungleichheit (*Modelle 1, 3-8* in *Tabelle 5a* und *Tabelle 5b*). Auch bei Kontrolle des Effekts des relativen Anteils linker im Vergleich zu rechten Parteien im Parlament weist der Demokratiegrad einen signifikanten und in Bezug auf die Effektstärke stabilen Effekt auf Ungleichheit auf und ist vergleicht man die standardisierten Regressionskoeffizienten, der relativ bedeutsamere Erklärungsfaktor. Weniger bedeutsam für Ungleichheit ist der Regimetyp allein im paarweisen Vergleich mit dem Niveau ökonomischer Entwicklung (*Modell 2* in *Tabelle 5a*). In dem Zeitraum von 1998 bis 2008 ist der Effekt des politischen Regimetyps auf Ungleichheit dagegen uneinheitlich (siehe *Tabelle 6a* und *Tabelle 6b* im Folgenden). Bivariat wurde ein schwacher nichtsignifikanter negativer Zusammenhang zwischen dem Demokratiegrad und Ungleichheit festgestellt (b=-.508). Nach Ausschluss von Ausreißern (CUB, GUY, VEN, TTO) besteht bivariat ein sehr starker negativer und statistisch signifikanter Effekt des Demokratiegrads auf Ungleichheit (b=-1.037***). Im paarweisen Vergleich zu dem Anteil linker im Vergleich zu rechten Parteien im Parlament, dem Bildungsgrad nach Ausschluss von Ausreißern, dem Bevölkerungswachstum, Handlungsoffenheit nach Ausschluss von Ausreißern, Inflation nach Ausschluss von Ausreißern und der Bevölkerungsgröße nach dem Ausschluss von Ausreißern wird auch multivariat ein signifikanter negativer Effekt des Demokratiegrads auf Ungleichheit gefunden (siehe die *Modelle 1, 3-4, 6-8* in *Tabelle 6a* und *Tabelle 6b*). Im paarweisen Vergleich zur Kapitaloffenheit und ökonomischer Entwicklung ist der Effekt des Demokratiegrads schwach und insignifikant (siehe *Modell 2 und 5* in *Tabelle 6a* und *Tabelle 6b*).

Für den Zeitraum von 1980 bis 1997 wurde bivariat ein schwacher nicht statistisch signifikanter negativer Effekt des relativen Anteils linker im Vergleich zu rechten Parteien im Parlament auf Ungleichheit festgestellt (b=-7.789). Auch im paarweisen Vergleich mit den Kontrollvariablen kann kein signifikanter Effekt des relativen Anteils linker Parteien im Parlament auf Ungleichheit festgestellt werden (siehe *Tabelle 7a* und *Tabelle 7b* im Folgenden). Der Effekt des relativen Anteils linker Parteien im Parlament bleibt in allen multivariaten Modellen statistisch nicht signifikant. Die Effektstärke, gemessen am unstandardisierten Regressionskoeffizienten, verringert sich deutlich, kontrolliert man den politischen Regimetyp, ökonomische Entwicklung und Kapitaloffenheit (siehe *Modell 1, 2 und* 5). Gemessen am standardisierten Regressionskoeffizienten, sind in diesen Modellen linke Parteien im Parlament nicht der entscheidende Faktor zur Erklärung ökonomischer Ungleichheit. Die Varianzaufklärung ist, betrachtet man R^2, gering. Allein die Modelle mit dem politischen Regimetyp und ökonomischer Entwicklung können Varianz der abhängigen Variablen binden. Bivariat wurde für den Zeitraum von 1998 und 2008 ein signifikanter negativer Effekt linker Parteien auf Ungleichheit festgestellt (b=-13.056***). Dieser bleibt auch im paarweisen Vergleich mit ökonomischen und demographischen Variablen in allen multivariaten Modellen in Bezug auf Effektrichtung, -stärke und Signifikanz weitgehend stabil (vgl. *Tabelle 8a* und *Tabelle 8b* im Folgenden). Die Effektstärke linker Parteien verringert sich allein bei Kontrolle des Niveaus ökonomischer Entwicklung und Ausschluss von Ausreißern - GUY, TTO (*Modell 2* in *Tabelle 8a*). Der Effekt ist aber stabil in Bezug auf Richtung und Signifikanz. Betrachtet man die standardisierten Regressionskoeffizienten sind innerhalb fast aller multivariaten Modelle linke Parteien im Parlament der entscheidende Erklärungsfaktor in Bezug auf Ungleichheit. Nur ökonomische Entwicklung ist bedeutsamer zur Erklärung ökonomischer Ungleichheit.

Tabelle 7a: Linke Parteien und ökonomische Ungleichheit im Länderdurchschnitt, 1980-1997 (Multivariate Regression)

	Modell 1		Modell 2	
	N=24	N=21	N=24	N=22
UV	B Sig. *Beta*	b Sig. *beta*	b Sig. *beta*	B Sig. *Beta*
Konstante	54.871 *** -	58.147 *** -	53.296 *** -	52.537 *** -
Linke Parteien	-4.321 *-.157*	-4.283 *-.175*	-2.822 *-.102*	-1.816 *-.069*
Regimetyp	-.720 * *-.392*	-1.127 *** *-.593*		
Ökonomische Entwicklung			-.888 ** *-.510*	-.791 ** *-.469*
Bildungs-Grad				
Bev.-Wachstum				
R^2	.217	.470	.308	.234
Ausreißer	CUB, JAM, PER	-	JAM, TTO	-
	Modell 3		**Modell 4**	
	N=24	-	N=24	N=22
	b Sig. *beta*	b Sig. *beta*	b Sig. *beta*	b Sig. *beta*
Konstante	51.181 *** -	- -	47.497 *** -	45.726 ***
Linke Parteien	-5.482 *-.199*	- -	-6.684 *-.242*	-10.328 *-.321*
Regimetyp				
Ökonomische Entwicklung				
Bildungs-Grad	-.056 *-.210*	- -		
Bev.-Wachs-tum			1.044 *.169*	1.685 *.101*
R^2	.117	-	.107	.130
Ausreißer	-	-	GUY, SLV	-

Anmerkungen: Signifikanz: *** p<.01, ** p<.05, *p<.1; b = unstandardisierter Regressionskoeffizient; beta = standardisierter Regressionskoeffizient; Sig. = Signifikanz; Operationalisierung und Quelle der Daten: siehe *Tabelle 1*, eigene Berechnungen.

Tabelle 7b: Linke Parteien und ökonomische Ungleichheit im Länderdurchschnitt, 1980-1997 (Multivariate Regression)

	Modell 5		Modell 6	
	N=24	N=22	N=24	N=22
UV	B Sig. *Beta*	b Sig. *beta*	b Sig. *beta*	B Sig. *Beta*
Konstante	48.192 *** -	47.309 *** -	48.338 *** -	46.639 *** -
Linke Parteien	-7.667 *-.278*	-2.286 *-.078*	-7.724 *-.280*	-7.632 *-.267*
Kapitaloffenheit	-.018 *-.048*	.104 *.203*		
Handelsoffenheit			-.003 *-.021*	.008 *.034*
Inflation				
Bev.größe				
R^2	.082	.051	.080	.069
Ausreißer	PAN, TTO	-	GUY, PAN	-

	Modell 7		Modell 8	
	N=24	N=22	N=24	N=23
	b Sig. *beta*	b Sig. *beta*	b Sig. *beta*	b Sig. *beta*
Konstante	47.510 *** -	47.633 *** -	47.790 *** -	48.046 -
Linke Parteien	-7.599 *-.276*	-9.955 *-.364*	-7.589 *-.275*	-7.498 *-.274*
Kapitaloffenheit				
Handelsoffenheit				
Inflation	.003 *.172*	-.001 *-.049*		
Bev.größe			.000 *.075*	-.000 *-.049*
R^2	.109	.134	.085	.077
Ausreißer	BOL, PER	-	BRA	-

Anmerkungen: Signifikanz: *** p<.01, ** p<.05, *p<.1; b = unstandardisierter Regressionskoeffizient; beta = standardisierter Regressionskoeffizient; Sig. = Signifikanz; Operationalisierung und Quelle der Daten: siehe *Tabelle 1*, eigene Berechnungen.

Tabelle 8a: Linke Parteien und ökonomische Ungleichheit im Länderdurchschnitt, 1998-2008 (Multivariate Regression)

UV	Modell 1				Modell 2			
	N=24		N=22		N=24		N=22	
	b *beta*	Sig.	b *beta*	Sig.	b *beta*	Sig.	B *Beta*	Sig.
Konstante	52.514 -	***	56.380 -	***	51.241 -	***	52.207 -	***
Linke Parteien	-12.676 *-.667*	***	-12.315 *-.648*	***	-11.256 *-.592*	***	-7.262 *-.396*	**
Regimetyp	-.423 *-.259*	*	-.766 *-.346*	**				
Ökonomische Entwicklung					-.461 *-.432*	***	-.540 *-.535*	***
Bildungs-Grad								
Bev.-wachs-tum								
R^2	.539		.590		.642		.474	
Ausreißer	CUB		-		GUY, TTO		-	

UV	Modell 3				Modell 4			
	N=24		23-		N=24		-	
	b *beta*	Sig.	b *beta*	Sig.	b *beta*	Sig.	b *beta*	Sig.
Konstante	54.275 -	***	51.479 -	***	44.971 -	***	-	-
Linke Parteien	-11.261 *-.593*	***	-12.052 *-.665*	***	-10.398 *-.547*	***	-	-
Regimetyp								
Ökonomische Entwicklung								
Bildungs-Grad	-.085 *-.299*	*	-.050 *-.157*					
Bev.Wachs-tum					*2.376* *.351*	**	-	-
R^2	.552		.545		.576		-	
Ausreißer	HTI		-		-		-	

Anmerkungen: Signifikanz: *** p<.01, ** p<.05, *p<.1; b = unstandardisierter Regressionskoeffizient; beta = standardisierter Regressionskoeffizient; Sig. = Signifikanz; Operationalisierung und Quelle der Daten: siehe *Tabelle 1*, eigene Berechnungen.

Tabelle 8b: Linke Parteien und ökonomische Ungleichheit im Länderdurchschnitt, 1998-2008 (Multivariate Regression)

	Modell 5				**Modell 6**			
	N=24		-		N=24		N=22	
UV	b *beta*	Sig.	b *beta*	Sig.	b *beta*	Sig.	B *Beta*	Sig.
Konstante	48.745 -	***	-	-	49.194 -	***	48.927 -	***
Linke Parteien	-12.286 *-.647*	***	-	-	- 12.252 *-.645*	***	- 14.104 *-.631*	***
Kapitaloffen-heit	-.020 *-.095*		-	-				
Handelsoffen-heit					-.015 *-.143*		-.008 *-.060*	
Inflation								
Bev.größe								
R^2	.479		-		.491		.408	
Ausreißer	-		-		GUY, PRY		-	
	Modell 7				**Modell 8**			
	N=24		N=23		N=24		N=23	
	b *beta*	Sig.	b *beta*	Sig.	b *beta*	Sig.	b *beta*	Sig.
Konstante	47.272 -	***	46.162 -	***	48.069 -	***	48.372 -	***
Linke Parteien	-12.940 *-.681*	***	-13.862 *-.718*	***	-13.054 *-.687*	***	-13.556 *-.716*	***
Kapitaloffen-heit								
Handelsoffen-heit								
Inflation	.087 *.123*		-.240 *-.257*					
Bev.größe					.000 *.001*		-.002 *-.116*	
R^2	.487		.550		.472		.487	
Ausreißer	SUR		-		BRA		-	

Anmerkungen: Signifikanz: *** p<.01, ** p<.05, *p<.1; b = unstandardisierter Regressionskoeffizient; beta = standardisierter Regressionskoeffizient; Sig. = Signifikanz; Operationalisierung und Quelle der Daten: siehe *Tabelle 1*, eigene Berechnungen.

9. Interpretation der Ergebnisse

In Bezug auf die Fragestellung, inwiefern der politische Regimetyp und der relative Anteil linker Parteien im Parlament zur Erklärung der Niveau-Unterschiede ökonomischer Ungleichheit zwischen den Ländern Lateinamerikas beitragen, wurden hier periodenspezifische Ergebnisse gefunden. Entsprechend der theoretischen Erwartung innerhalb der politisch-institutionalistischen Theorie kann in bi- und multivariaten Querschnittsregressionen für den Zeitraum von 1980 bis 1997 ein signifikanter negativer Effekt des politischen Regimetyps, gemessen am Demokratiegrad, auf Ungleichheit festgestellt werden. Im paarweisen Vergleich ist nur das Niveau ökonomischer Entwicklung für die statistische ‚Erklärung' der Varianz ökonomischer Ungleichheit in Lateinamerika wichtiger. Für die zweite Untersuchungsperiode (1998-2008) wurde kein bzw. ein geringer Effekt des Regimetyps erwartet. Fast alle Länder Lateinamerikas können seit 2000 als Demokratien bezeichnet werden. Die Ergebnisse sind uneinheitlich. Es könnte vermutet werden, dass entsprechend der Argumentation von Muller (1999) und bisherigen empirischen Resultaten - Huber/Stephens (2012) - ein Zusammenhang in Bezug auf das Demokratiealter besteht.

Abbildung 2: Entwicklung der Erklärungskraft des relativen Anteils linker Parteien im Parlament am Niveau ökonomischer Ungleichheit in Lateinamerika

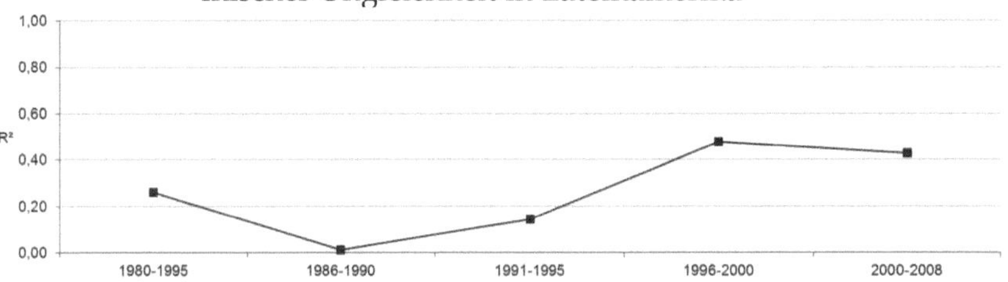

Anmerkungen: Operationalisierung und Quelle der Daten siehe *Tabelle 1*, eigene Berechnungen.

Entgegen der theoretischen Erwartungen innerhalb der Machtressourcentheorie wird für den Zeitraum von 1980 bis 1997 kein signifikanter negativer Effekt des relativen Anteils linker Parteien im

Parlament auf Ungleichheit festgestellt. Allerdings wird für die Länderdurchschnitte von 1998 bis 2008 ein signifikanter negativer Effekt des relativen Anteils linker Parteien im Parlament auf Ungleichheit, auch im paarweisen Vergleich zu ökonomischen und demographischen Variablen, gefunden. Im Vergleich zu den bisherigen empirischen Arbeiten wird damit festgestellt, dass der Effekt des relativen Anteils linker Parteien im Parlament periodenspezifisch ist. Der Unterschied zwischen den Untersuchungsperioden unterstützt die theoretische Erwartung innerhalb des Ideen-Ansatzes, dass linke Parteien innerhalb, der in den 1980er und 1990er Jahren verbreiteten neoliberalen Vorstellung von ökonomischer Entwicklung, die eine Reduktion der Rolle des Staates im Markt fordert, weniger redistributive Politiken verfolgt haben als innerhalb der post-neoliberalen Vorstellung von ökonomischer Entwicklung seit Ende der 1990er Jahre, nach der der Staat zur Reduktion von Armut und Ungleichheit in die Wirtschaft eingreifen muss. Das Resultat entspricht dem Ergebnis von Fallanalysen, dass in den 1980ern und 1990ern linke Parteien neoliberale Politiken verfolgt haben. In *Abbildung 2* wird dieses Resultat veranschaulicht. Die Abbildung basiert für mehrere Zeitintervalle des Untersuchungszeitraums auf wiederholten Querschnittsregressionen der Länderdurchschnitte des Niveaus ökonomischer Ungleichheit auf den relativen Anteil linker Parteien im Parlament. Sie bildet den durch linke Parteien statistisch ‚erklärten' Anteil der Varianz der abhängigen Variablen (R^2) ab. Für die Länderdurchschnitte von 1980 bis 1984 kann der Anteil linker Parteien im Parlament ca. 20% der Varianz ökonomischer Ungleichheit statistisch ‚erklären'. Für die Länderdurchschnitte von 1986 bis 1990 und 1991 bis 1995 kann kein bzw. nur ein geringer Anteil der Varianz ökonomischer Ungleichheit durch linke Parteien gebunden werden. Dies entspricht der Argumentation in der Literatur, dass die neoliberalen Ideen besonders ab Mitte der 1980er in Reaktion auf die Schuldenkrise in Mexiko 1982/1983 politisch bedeutsam wurden (vgl. Panizza 2009: 17). Anfang der 1980er Jahre seien auch die staatsorientierten Vorstellungen von ökonomischer Entwicklung noch politisch bedeutsam gewesen (vgl. Panizza 2009: 17). Es kann festgestellt werden, dass der Anteil der Varianz ökonomischer Ungleichheit in Lateinamerika, der durch linke Parteien gebunden wird, für die Länderdurchschnitte von 1996 bis 2000 und 2001 und 2008 deutlich höher ist als für die Länderdurchschnitte der vorhergehenden Zeitintervalle.

10. Schlussfolgerung

Die vorliegende Arbeit hat sich damit beschäftigt, inwiefern die Niveau-Unterschiede ökonomischer Ungleichheit in Lateinamerika auf Politikunterschiede in Bezug darauf inwiefern Regierungen Einkommen umverteilen zurückzuführen sind. Sie hat sich dafür mit der Fragestellung beschäftigt, inwiefern der politische Regimetyp und der relative Anteil linker Parteien im Parlament, als Determinanten staatlicher Einkommensumverteilung, zur Erklärung der Niveau-Unterschiede ökonomischer Ungleichheit zwischen den Ländern Lateinamerikas beitragen.

Zur Beantwortung der Fragestellung wurden wiederholte Querschnittsregressionen der Länderdurchschnitte ökonomischer Ungleichheit für den Zeitraum von 1980 bis 1997 und den Zeitraum von 1998 bis 2008 auf den politischen Regimetyp und den Anteil linker Parteien im Parlament berechnet. Damit wurde zu berücksichtigen versucht, dass sich seit Ende der 1990er Jahre, die vorherrschende Vorstellung von ökonomischer Entwicklung und damit des angemessenen Verhältnisses zwischen Staat und Markt zur Steuerung ökonomischer Entwicklung in Lateinamerika grundlegend verändert hat.

Die vorliegende Arbeit findet vorläufige Bestätigung dafür, dass der politische Regimetyp, gemessen am Demokratiegrad, und der relative Anteil linker Parteien im Parlament, gemessen am relativen Anteil linker im Vergleich zu rechten Parteien im Parlament, neben ökonomischen und demographischen Faktoren zur Erklärung der Varianz ökonomischer Ungleichheit in Lateinamerika beitragen. Es wird gefunden, dass Länder mit einem höheren Demokratiegrad und einem höheren Anteil linker Parteien als rechter Parteien im Parlament eine geringe ökonomische Ungleichheit aufweisen. Im Vergleich zu bisherigen empirischen Analysen findet sie allerdings periodenspezifische Resultate. Erstens geht in dem Zeitraum von 1980 bis 1997 ein hoher Demokratiegrad mit einer geringen Ungleichheit einher. Für den Zeitraum von 1998 bis 2008 wurde kein bzw. ein geringer Effekt des politischen Regimetyps erwartet, da in diesem Zeitraum fast alle Länder Lateinamerikas als elektorale Demokratien bezeichnet werden können. Die vorliegende empirische Arbeit kommt hier zu keinem einheitlichen Ergebnis. Anschließend an bisherige empirische Analysen könnte vermutet werden, dass ein Zusammenhang in Bezug auf das Demokratiealter besteht. Zweitens wird ein signifikanter negativer Effekt des Anteils linker im Vergleich zu rechten Parteien im Parlament auf ökonomische Ungleichheit für den Zeitraum von 1998 bis 2008 festgestellt, nicht aber für den Zeitraum von 1980 bis 1997. Dies unterstützt, die theoretische Erwartung, dass linke Parteien in den 1980ern und 1990ern Jahren, als die Vorstellung von ökonomischer Entwicklung verbreitet war, dass staatliche Eingriffe in den Markt zur Steuerung ökonomischer Entwicklung dysfunktional sind, weniger redistributive Politiken verfolgt haben, als seit Ende der 1990er Jahre, seitdem ein schwacher Konsens besteht, dass der Staat redistributiv zur Reduktion von Armut und Ungleichheit in Wirtschaftsprozesse eingreifen muss.

Insgesamt muss zum einen berücksichtigt werden, dass hier aufgrund der Datenverfügbarkeit, wie in der Mehrheit bisheriger empirischer Analysen zur Fragestellung, der Effekt des relativen Anteils linker Parteien im Parlament auf Ungleichheit betrachtet wurde. Theoretisch ist die Regierungsbeteiligung linker Parteien für Politikinhalte bedeutsamer. Zum anderen muss berücksichtigt werden, dass es auch auf die Veränderung anderer Kontextbedingungen zurückführen sein könnte, die in der vorliegenden empirischen Analyse nicht berücksichtigt wurden.

11. Literaturverzeichnis

Alderson, Arthur S./Nielsen, Francois 1999: Income Inequality, Development, and Dependence: A Reconsideration. In: American Sociological Review 64 (4), S. 606-631.

Almond, Gabriel Abraham/Powell, G. Bingham/Dalton, Russell J./Strom, Kaare 2008: Comparative Politics Today: Pearson/Longman.

Arditi, Benjamin 2008: Arguments about the Left Turns in Latin America: A Post-Liberal Politics? In: Latin American Research Review 43 (3), S. 59-81.

Arnson, Cynthia J. 2007: Introduction. In: Arnson, Cynthia J./Perales, José Raúl (Hrsg.): The 'New Left' and Democratic Governance in Latin America. Washington, D. C.: Woodrov Wilson International Center for Scholars, S. 3-9.

Avelino, George/Brown, David S./Hunter, Wendy 2005: The Effects of Capital Mobility, Trade Openness, and Democracy on Social Spending in Latin America, 1980-1999. In: American Journal of Political Science 49 (3), S. 625–641.

Barozet, Emmanuelle 2011: Ungleichheitsmessung in Lateinamerika: Das Projekt Desigualdades in Chile. In: Wehr, Ingrid/Burchardt, Hans-Jürgen (Hrsg.): Soziale Ungleichheiten in Lateinamerika. Neue Perspektiven auf Wirtschaft, Politik und Umwelt. Baden-Baden: Nomos, S. 309-330.

Beer, Linda/Boswell, Terry 2002: The Resilience of Dependency Effects in Explaining. Income Inequality in the Global Economy: A Cross-National Analysis, 1975-1995. In: Journal of World-Systems Research VIII (I), S. 30-59.

Bendel, Petra 2005: Neo-Liberalismus. In: Nohlen, Dieter/Schultze, Rainer-Olaf (Hrsg.): Lexikon der Politikwissenschaft. Theorien, Methoden, Begriffe. 3., aktualisierte und erweiterte Auflage. München: Verlag C.H. Beck, S. 607-608.

Bernauer, Thomas/Jahn, Detlef/Kuhn, Patrick/Walter, Stefanie 2013: Glossar zum Buch Einführung in die Politikwissenschaft. In: http://www.ib.ethz.ch/teaching/pwgrundlagen/-Glossar_PW_Sept_2013.pdf, zugegriffen am 15.03.2014.

Besley, Timothy/Burgess, Robin 2003: Halving Global Poverty. In: Journal of Economic Perspectives 17 (3), S. 3-22.

Birdsdall, Nancy/Fukuyama, Francis 2011: The Post-Washington Consensus. Development after the Crisis. In: Foreign Affairs 90 (2), S. 45-53.

Birdsdall, Nancy/Lustig, Nora/McLeod, Darryl 2011: Declining Inequality in Latin America: Some Economics, Some Politics. In: Center for Global Development Working Paper 251, S. 1-29.

Blais, André/Blake, Donald/Dion, Stéphane 1993: Do Parties Make a Difference? Parties and the Size of Government in Liberal Democracies. In: American Journal of Political Science 37; No. 1, S. 40-62.

Bollen, Kenneth A./Grandjean, Burke D. 1981: The Dimension(s) of Democracy: Further Issues in the Measurement and Effects of Political Democracy. In: American Sociological Review 46 (5), S. 651-659.

Bollen, Kenneth A./Jackman, Robert W. 1985: Political Democracy and the Size Distribution of Income. In: American Sociological Review 50, S. 438-457.

Bornschier, Volker 1983: World Economy, Level Development and Income Distribution: An Integration of Different Approaches to the Explanation of Income Inequality. In: World Development 11 (1), S. 11-20.

Bornschier, Volker/Ballmer-Cao, Thanh-Huyen 1979: Income Inequality: A Cross-National Study of the Relationships Between MNC-Penetration, Dimensions of the Power Structure and Income Distribution. In: American Sociological Review 44 (3), S. 487-506.

Boschi, Renato/Gaitán, Flavio 2009: Politics and Development: Lessons from Latin America. In: Brazilian Political Science Review 4, o. S.

BPB (Bundeszentrale für politische Bildung) o. J.: Lorenzkurve. In: http://www.bpb.de/nachschlagen/lexika/lexikon-der-wirtschaft/20031/lorenzkurve, zugegriffen am 13.03.2014.

Bradley, David/Huber, Evelyne/Moller, Stephanie/Nielsen, François/Stephens, John D. 2003: Distribution and Redistribution in Postindustrial Democracies. In: World Politics 55, S. 193-228.

Brady, David/Leicht, Kevin T. 2008: Party to Inequality: Right Party Power and Income Inequality in affluent Western Democracies. In: Research in Social Stratification and Mobility 26, S. 77-106.

Brandolini, Andrea/Smeeding, Timothy M. 2009: Income inequality in richer and OECD countries. In: Salverda, Wiemer/Nolan, Brian/Smeeding, Timothy M. (Hrsg.): The Oxford Handbook of Economic Inequality. Oxford/New York: Oxford University Press, S. 71-101.

Burkhart, Ross E. 1997: Comparative Democracy and Income Distribution: Shape and Direction of the Causal Arrow. In: The Journal of Politics 59 (1), S. 148-168.

Bussmann, Margit/de Soysa, Indra/Oneal, John R. 2005: The Effect of Globalization on National Income Inequality. In: Comparative Sociology 4 (3-4).

Castañeda, Jorge G. 2006: Latin America's Left Turn. In: Foreign Affairs 85 (3), S. 28-43.

Castles, Francis G. 1998: Comparative Public Policy: Patterns of Post-war Transformation. Cheltenham/Northampton (MA): Edward Elgar.

Champernowne, D. G./Cowell, F. A. 1998: Economic Inequality and Income Distribution. Cambridge: Cambridge University Press.

Chase-Dunn, Christopher 1975: The Effects of International Economic Dependence and Inequality: A Cross-National Study. In: American Sociological Review 40 (6), S. 720-738.

Chong, Alberto 2001: Inequality, Democracy, and Persistence: Is There a Political Kuznets Curve? In: Inter-American Development Bank Working Paper 445, S. 1-43.

Cleary, Matthew R. 2006: Explaining the Left's Resurgence. In: Journal of Democracy 17 (4), S. 35-49.

Coppedge, Michael 1997: A Classification of Latin American Political Parties. Kellogg Institute. In: The Helen Kellogg Institute for International Studies Working Paper 244, o. S.

Coppedge, Michael/Gerring, John/Altman, David/Bernhard, Michael/Fish, Steven/Hicken, Allen u. a. 2011: Conceptualizing and Measuring Democracy: A New Approach. In: Perspectives on Politics 9 (2), S. 247-267.

Crepaz, Markus M. L. 2002: Global, Constitutional, and Partisan Determinants of Redistribution in Fifteen OECD Countries. In: Comparative Politics 34 (2), S. 169-188.

De Ferranti, David/Perry, Guillermo/Ferreira, Francisco H. G./Walton, Michael 2004: Inequality in Latin America. Breaking with History? Washington, D. C.: The International Bank for Reconstruction and Development/The World Bank.

Deininger, Klaus/Squire, Lyn 1996: A New Data Set Measuring Income Inequality. In: The World Bank Economic Review 10 (3), S. 561-591.

Dix, Robert H. 1989: Cleavage Structures and Party Systems in Latin America. In: Comparative Politics 22 (1), S. 23–37.

Easterly, William 2002: Inequality does Cause Underdevelopment: New Evidence from Commodity Endowments, Middle Class Share, and other Determinants of Per Capita Income. In: Center for Global Development Working Paper 1, S. 1-38.

Ebbinghaus, Bernhard 2005: When Less is More: Selection Problems in Large-N and Small-N Cross-National Comparisons. In: International Sociology 20 (2), S. 133-152.

Ernst, Tanja/Losada, Ana María Isidoro 2010: Nord-Süd-Beziehungen: Globale Ungleichheit im Wandel? In: Aus Politik und Zeitgeschichte (APuZ) 10, S. 10-15.

Esping-Andersen, Gøsta 1985: Power and Distributional Regimes. In: Politics & Society 14, S. 223-256.

Esping-Andersen, Gøsta/Myles, John 2009: Economic inequality and the welfare state. In: Salverda, Wiemer/Nolan, Brian/Smeeding, Timothy M. (Hrsg.): The Oxford Handbook of Economic Inequality. Oxford/New York: Oxford University Press, S. 639-664.

Freedom House 2013: Freedom of the World and Freedom of the Press. In: Teorell, Jan/Charron, Nicholas/Dahlberg, Stefan/Holmberg, Sören/Rothstein, Bo/Sundin,

Petrus/Svensson, Richard. In: The Quality of Government Dataset, version 15May13. University of Gothenburg: The Quality of Government Institute, http://www.qog.pol.gu.se, zugegriffen am 01.12.2013.

Freedom House o. J.: Freedom in the World: Aggregate and Subcategory Scores. In: http://www.freedomhouse.org/report/freedom-world-aggregate-and-subcategory-scores#.Ux2_l9GPLb0, zugegriffen am 10.03.2014.

Freeman, Richard B. 2009: Globalization and Inequality. In: Salverda, Wiemer/Nolan, Brian/Smeeding, Timothy M. (Hrsg.): The Oxford Handbook of Economic Inequality. Oxford/New York: Oxford University Press, S. 575-598.

Fuchs, Dieter/Roller, Edeltraud 2007: Politik. In: Fuchs, Dieter/Roller, Edeltraud (Hrsg.): Lexikon Politik: Hundert Grundbegriffe. Stuttgart: Reclam, S. 205-209.

Gasparini, Leonardo/Cruces, Guillermo/Tornarolli, Leopoldo 2009: Recent trends in income inequality in Latin America. In: Society for the Study of Economic Inequality (ECINEQ) Working Papers 132, S. 1-32.

Goldberg, Pinelopi Koujianou/Pavcnik, Nina 2004: Trade, Inequality, and Poverty: What do we know? Evidence from Recent Trade Liberlaization Episodes in Developing Countries. National Bureau of Economic Research (NBER) Working Paper Series 10593, S. 1-50.

Goldstein, Judith/Keohane, Robert O. 1993: Ideas and Foreign Policy: An Analytical Framework. In: Goldstein, Judith/Keohane, Robert O. (Hrsg.): Ideas and Foreign Policy. Beliefs, Institutions, and Political Change. Ithaca/London: Cornell University Press, S. 3-30.

Gradstein, Mark/Milanovic, Branko 2004: Does liberté = egalité? A survey of the empirical links between democracy and inequality with some evidence on the transition economies. In: Journal of Economic Surveys 18 (4), S. 515-537.

Gradstein, Mark/Milanovic, Branko/Ying, Yvonne 2001: Democracy and income inequality: An empirical analysis. In: Center for Economic Studies & Institute for Economic Research (CESifo) Working Paper 411, S.1-45.

Greig, Alasteir/Hulme, David/Turner, Mark 2007: Challenging Global Inequality. Development Theory and Practice in the 21st Century. Hampshire/New York: Palgrave Macmillan.

Grugel, Jean/Riggirozzi, Pía 2012: Post-neoliberalism in Latin America: Repubuilding and Reclaming the State after Crisis. In: Development and Change 43, S. 1-21.

Ha, Eunyoung 2012: Globalization, Government Ideology, and Income Inequality in Developing Countries. In: The Journal of Politics 74 (2), S. 541-557.

Hague, Rod; Harrop, Martin 2007: Comparative Government and Politics. An Introduction. 7th Edition. Hampshire/New York: Palgrave Macmillan.

Hall, Peter A. 1989: Conclusion: The Politics of Keynesian Ideas. In: Hall, Peter A. (Hrsg.): The Political Power of Economic Ideas: Keynesianism across Nations. Princeton (New Jersey): Princeton University Press, S. 361-392.

Hamilton, Lawrence C. 1992: Regression with Graphics. A Second Course in Applied Statistics. Belmont (California): Duxburry Press.

Hein, Wolfgang/Steiner, Susan 2008: Wirtschaftliche und soziale Lage. In: Informationen zur politischen Bildung 300, S. 27-33.

Held, David 2006: Models of Democracy. Cambridge: Polity Press.

Herkenrath, Mark/Bornschier, Volker 2003: Transnational Corporations in World Development - Still The Same Harmful Effects In An Increasingly Globalized World Economy. In: Journal of World-Systems Research IX (I), S. 105-139.

Hoffmann, Bert/Nolte, Detlef 2008: Was ist "Lateinamerika"? In: Informationen zur politischen Bildung (300), S. 4-5.

Holzinger, Katharina 2005: Lorenz-Kurve. In: Nohlen, Dieter/Schultze, Rainer-Olaf (Hrsg.): Lexikon der Politikwissenschaft. Theorien, Methoden, Begriffe. 3., aktualisierte und erweiterte Auflage. München: Verlag C.H. Beck, S. 521.

Hradil, Stefan 2012: Grundbegriffe. In: http://www.bpb.de/politik/grundfragen/deutsche-verhaeltnisse-eine-sozialkunde/138437/grundbegriffe, zugegriffen am 17.02.2014.

Hradil, Stefan 2005: Soziale Ungleichheit in Deutschland. 8. Auflage. Wiesbaden: VS Verlag für Sozialwissenschaften.

Huber, Evelyne 2009: Politics and Inequality in Latin America. In: PS, Political Science & Politics 42 (4), S. 651-655.

Huber, Evelyne 2005: Inequality and the State in Latin America. In: http://www.apsanet.org/imgtest/-taskforcediffineqdevhubere.pdf, zugegriffen am 16.03.2014.

Huber, Evelyne/Stephens, John D. 2012: Democracy and the Left. Social Policy and Inequality in Latin America. Chicago/London: The University of Chicago Press.

Huber, Evelyne; Stephens, John D. o. J.: Successful Social Policy Regimes? Political Economy, Politics, and the Structure of Social Policy in Argentina, Chile, Uruguay, and Costa Rica. In: http://kellogg.nd.edu/faculty/research/pdfs/huber.pdf, zugegriffen am 11.03.2014.

Huber, Evelyne/Stephens, John D./Mustillo, Thomas/Pribble, Jenny 2012: Latin America and Caribbean Political Dataset, 1945-2008. University of North Carolina.

Huber, Evelyne/Nielsen, Francois/Pribble, Jenny/Stephens, John D. 2006: Politics and Inequality in Latin America and the Caribbean. In: American Sociological Review 71, S. 943-963.

Jachtenfuchs, Markus 1995: Ideen und internationale Beziehungen. In: Zeitschrift für Internationale Beziehungen 2 (2), S. 417-442.

Jacobsen, John Kurt 1995: Much Ado About Ideas: The Cognitive Factor in Economic Policy. In: World Politics 47 (2), S. 283-310.

Jahn, Detlef 2013: Einführung in die vergleichende Politikwissenschaft. 2. Auflage. Wiesbaden: Springer VS.

Jenkins, Stephen P./van Kerm, Philippe 2009: The Measurement of Economic Inequality. In: Salverda, Wiemer/Nolan, Brian/Smeeding, Timothy M. (Hrsg.): The Oxford Handbook of Economic Inequality. Oxford/New York: Oxford University Press, S. 40-70.

Katzenstein, Peter J. 2003: Small States and Small States Revisited. In: New Political Economy 8 (1), S. 9-30.

Kaufman, Robert 2007: Political Economy and the 'New Left'. In: Arnson, Cynthia J./Perales, José Raúl (Hrsg.): The 'New Left' and Democratic Governance in Latin America. Washington, D. C.: Woodrov Wilson International Center for Scholars, S. 24-30.

Keefer, Philip 2012: Database of Political Institutions: Changes and Variable Definitions. In: http://siteresources.worldbank.org/INTRES/Resources/469232-1107449512766/DPI2012_Codebook2.pdf, zugegriffen am 16.03.2014.

Korpi, Walter 2006: Power Resources and Employer-Centered Approaches in Explanations of Welfare States and Varieties of Capitalism: Protagonists, Consenters, and Antagonists. In: World Politics 58 (2), S. 167-206.

Korpi, Walter 1983: The Democratic Class Struggle. London, Boston u. a.: Routledge/Kegan Paul.

Krugman, Paul 1996: Cycles of Conventional Wisdom on Economic Development. In: International Affairs 72 (1), S. 717-732.

Kuznets, Simon 1955: Economic Growth and Income Inequality. In: The American Economic Review 45 (1), S. 1-28.

Lauth, Hans-Joachim/Pickel, Gert/Pickel, Susanne 2009: Methoden der vergleichenden Politikwissenschaft. Eine Einführung. Wiesbaden: VS Verlag für Sozialwissenschaften.

Lee, Cheol-Sung 2005: Income Inequality, Democracy, and Public Sector Size. In: American Sociological Review 70, S. 158-181.

Lee, Cheol-Sung/Nielsen, Francois/Alderson, Arthur S. 2007: Income Inequality, Global Economy and the State. In: Social Forces 86 (1), S. 77-111.

Lenski, Gerhard E. 1973: Macht und Privileg. Eine Theorie der sozialen Schichtung. Frankfurt am Main: Suhrkamp Verlag.

Levitsky, Steven/Roberts, Kenneth M. 2011: Introduction: Latin America's 'Left Turn': A Framework for Analysis. In: Levitsky, Steven/Roberts, Kenneth M. (Hrsg.): The Resurgence of the Latin American Left. Baltimore: The John Hopkins University Press, S. 1-30.

Lindblom, Charles E. 1977: Politics and Markets. The World's Political-Economic Systems. New York: Basic Books, Inc., Publishers.

Lipset, Seymour Martin 1959: Some Social Requisites of Democracy: Economic Development and Political Legitimacy. In: The American Political Science Review 53 (1), S. 69-105.

Lopez, J. Humberto/Perry, Guillermo 2008: Inequality in Latin America: Determinants and Consequences. In: Policy Research Working Paper 4504, S. 1-39.

Lustig, Nora/López-Calva, Luis F./Ortiz-Juarez, Eduardo 2013: Declining Inequality in Latin America in the 2000s: The Cases of Argentina, Brazil, and Mexico. In: World Development 44, S. 129-141.

Mahutga, Matthew C./Kwon, Roy/Grainger Garrett 2011: Within-Country Inequality and the Modern World-System: A Theoretical Reprise and Empirical First Step. In: American Sociological Association 17 (2), S. 279-307.

Maier, Jürgen/Maier, Michaela/Rattinger, Hans 2000: Methoden der sozialwissenschaftlichen Datenanalyse. Arbeitsbuch mit Beispielen aus der Politischen Soziologie. München/Wien: R. Oldenbourg Verlag.

Mainwaring, Scott/Pérez-Liňán, Aníbal 2005: Why Regions of the World are important: Regional Specificities and Region-Wide Diffusion of Democracy. In: The Helen Kellogg Institute for International Studies Working Paper 322, S.1-45.

Mainwaring, Scott/Torcal, Mariano 2005: Party System Institutionalization and Party System Theory after the Third Wave of Democratization. In: The Helen Kellogg Institute for International Studies Working Paper 319, S. 1-38.

March, James G./Olsen, Johan P. 1998: The Institutional Dynamics of International Political Orders. In: International Organization 52 (4), S. 943-969.

March, James G./Olsen, Johan P. 1989: Rediscovering Institutions. The Organizational Basis of Politics. New York: The Free Press.

Margheritis, Ana/Pereira, Anthony W. 2007: The Neoliberal Turn in Latin America: The Cycle of Ideas and the Search for an Alternative. In: Latin American Perspectives 34 (3), S. 25-48.

McCarty, Nolan/Pontusson, Jonas 2009: The political economy of inequality and redistribution. In: Salverda, Wiemer/Nolan, Brian/Smeeding, Timothy M. (Hrsg.): The Oxford Handbook of Economic Inequality. Oxford/New York: Oxford University Press, S. 665-692.

McLeod, Darryl/Lustig, Nora 2011: Inequality and poverty under Latin America's new left regimes. In: Society for the Study of Economic Inequality (ECINEQ) Working Paper Series 208, S. 1-31.

Mills, Melinda 2009: Globalization and Inequality. In: European Sociological Review 25 (1), S. 1-8.

Milner, Helen V./Kubota, Keiko 2005: Why the Move to Free Trade? Democracy and Trade Policy in Developing Countries. In: International Organization 59 (1), S. 107-143.

Milner, Murray 1987: Theories of Inequality: An Overview and a Strategy for Synthesis. In: Social Forces 65 (4), S. 1053-1089.

Molyneux, Maxine 2008: The 'Neoliberal Turn' and the New Social Policy in Latin America: How Neoliberal, How New? In: *Development and Change* 39 (5), S. 775-797.

Montecino, Juan A. 2011: Decreasing Inequality Under Latin America's "Social Democratic" and "Populist" Governments: Is the Difference Real? Center for Economic and Policy Research (CEPR), S. 1-17.

Morgan, Jana/Kelly, Nathan J. 2013a: Market Inequality and Redistribution in Latin America and the Caribbean. In: The Journal of Politics 75 (3), S. 672-685.

Morgan, Jana/Kelly, Nathan J. 2013b: Supplemental Information File: Market Inequality and Redistribution in Latin America and the Caribbean. In: http://thedata.harvard.edu/dvn/-dv/nkellydata, zugegriffen am 16.03.2014.

Morley, Samuel 2001: The income distribution problem in Latin America and the Caribbean. Santiago: United Nations Economic Commission for Latin America and the Carribbean (ECLAC).

Muller, Edward N. 1988: Democracy, Economic Development, and Income Inequality. In: American Sociological Review 53 (1), S. 50-68.

Muno, Wolfgang 2012: Politische Regime und soziale Entwicklung in Lateinamerika. In: Muno, Wolfgang/Lauth, Hans-Joachim/Kestler, Thomas (Hrsg.): Demokratie und soziale Entwicklung in Lateinamerika. Baden-Baden: Nomos, S. 45-64.

Muno, Wolfgang/Lauth, Hans-Joachim/Kestler, Thomas 2012: Einleitung. In: Muno, Wolfgang/Lauth, Hans-Joachim/Kestler, Thomas (Hrsg.): Demokratie und soziale Entwicklung in Lateinamerika. Baden-Baden: Nomos, S. 7-12.

Murillo, María Victoria/Oliveros, Virginia/Vaishnav, Milan 2011: Economic Constraints and Presidential Agency. In: Levitsky, Steven/Roberts, Kenneth M. (Hrsg.): The Resurgence of the Latin American Left. Baltimore: The John Hopkins University Press, S. 52-70.

Nel, Philip 2006: When Can the Rabble Redistribute? Democratization and Income Distribution in Low- and Middle-income Countries. In: ECINEQ (Society for the Study of Economic Inequality) Working Paper Series 43, S. 1-43.

Nielsen, Francois 1994: Income Inequality and Industrial Development: Dualism Revisited. In: American Sociological Review 59 (5), S. 654-677.

Nielsen, Francois/Alderson, Arthur S. 1995: Income Inequality, Development, and Dualism: Results from an Unbalanced Cross-National Panel. In: American Sociological Review 60 (5), S. 674-701.

Nohlen, Dieter 2005: Area-Approach. In: Nohlen, Dieter/Schultze, Rainer-Olaf (Hrsg.): Lexikon der Politikwissenschaft. Theorien, Methoden, Begriffe. 3., aktualisierte und erweiterte Auflage. München: Verlag C.H. Beck, S. 36-37.

Nölke, Andreas 2010: Weltsystemtheorie. In: Schieder, Siegfried/Spindler, Manuela (Hrsg.): Theorien der Internationalen Beziehungen. 3., überarbeitete und aktualisierte Auflage. Opladen/Farmington Hills (MI): Verlag Barbara Budrich, S. 371-398.

Nolte, Detlef/Oettler, Anika/Llanos, Mariana 2008: Demokratie auf schwachem sozialen Fundament. In: Informationen zur politischen Bildung 300, S. 43-57.

Oatley, Thomas 2012: International Political Economy. Fifth Edition. Boston u. a.: Longman.

Obinger, Herbert 2004: Politik und Wirtschaftswachstum. Ein internationaler Vergleich. Wiesbaden: VS Verlag für Sozialwissenschaften.

Obinger, Herbert/Wagschal, Uwe 2001: Families of Nations and Public Policy. In: West European Politics 24 (1), S. 99-114.

Ostheim, Tobias 2007: Die Internationale Hypothese. In: Schmidt, Manfred G./Ostheim, Tobias/Siegel, Nico A./Zohlnhöfer, Reimut (Hrsg.): Der Wohlfahrtsstaat. Eine Einführung in den historischen und internationalen Vergleich. Wiesbaden: VS Verlag für Sozialwissenschaften, S. 75-84.

Ostheim, Tobias/Schmidt, Manfred G. 2007: Die Machtressourcentheorie. In: Schmidt, Manfred G./Ostheim, Tobias/Siegel, Nico A./Zohlnhöfer , Reimut (Hrsg.): Der Wohlfahrtsstaat. Eine Einführung in den historischen und internationalen Vergleich. Wiesbaden: VS Verlag für Sozialwissenschaften, S. 40-50.

Panizza, Francisco 2009: Contemporary Latin America. Development and Democracy beyond the Washington Consensus. London/New York: Zed Books.

Panizza, Francisco 2005: Unarmed Utopia Revisited: The Resurgence of Left-of-Centre Politics in Latin America. In: Political Studies 53, S. 716-734.

Peters, B. Guy 2005: Institutional Theory in Political Science: The 'New Institutionalism'. Second Edition. London/New York: Continuum.

Platt, Lucinda 2011: Understanding Inequalities. Stratification and Difference. Cambridge/Malden: Polity Press.

Pribble, Jenny/Huber, Evelyne/Stephens, John D. 2009: Politics, Policies, and Poverty in Latin America. In: Comparative Politics 41 (4), S. 387-402.

Reuveny, Rafael/Li, Quan 2003: Economic Openness, Democracy, and Income Inequality. An Empirical Analysis. In: Comparative Political Studies 36 (5).

Rinke, Stefan/Stüwe, Klaus 2008: Politische Systeme Amerikas: Ein Vergleich. In: Stüwe, Klaus/Rinke, Stefan (Hrsg.): Die politischen Systeme in Nord- und Lateinamerika. Eine Einführung. Wiesbaden: VS Verlag für Sozialwissenschaften, S. 9-59.

Roberts, Kenneth M. 2012: The Politics of Inequality and Redistribution in Latin America's Post-Adjustment Era. In: United Nations University, World Institute for Development Economics Research (UNO-WIDER) Working Paper 2012/08, S. 1-23.

Roberts, Kenneth M. 2008: The Mobilization of Opposition to Economic Liberalization. In: Annual Review of Political Science 11, S. 327-349.

Roberts, Kenneth M./Bethell, Leslie/Mayorga, René Antonio 2007: Conceptual and Historical Perspectives. In: Arnson, Cynthia J./Perales, José Raúl (Hrsg.): The 'New Left' and Democratic Governance in Latin America. Washington, D. C.: Woodrov Wilson International Center for Scholars, S. 10-23.

Roller, Edeltraud 2005: The Performance of Democracies. Political Institutions and Public Policies. Oxford/New York: Oxford University Press.

Rubinson, Richard/Quinlan, Dan 1977: Democracy and Social Inequality: A Reanalysis. In: American Sociological Review 42 (4), S. 611-623.

Rudra, Nita 2004: Openness, Welfare Spending, and Inequality in the Developing World. In: International Studies Quarterly 48 (3), S. 684-709.

Sader, Emir 2009: Postneoliberalism in Latin America. In: *Development Dialogue* 51, S. 171-180.

Salverda, Wiemer/Nolan, Brian/Smeeding, Timothy M. 2009: Introduction. In: Salverda, Wiemer/Nolan, Brian/Smeeding, Timothy M. (Hrsg.): The Oxford Handbook of Economic Inequality. Oxford/New York: Oxford University Press, S. 3-22.

Schirm, Stefan A. 2013: Internationale Politische Ökonomie. Eine Einführung. 3. aktualisierte und erweiterte Auflage. Baden-Baden: Nomos.

Schmidt, Manfred G. 2010: Wörterbuch zur Politik. 3., überarbeitete und aktualisierte Auflage. Stuttgart: Alfred Kröner Verlag.

Schmidt, Manfred G. 2003: Vergleichende Policy-Forschung. In: Berg-Schlosser, Dirk (Hrsg.): Vergleichende Politikwissenschaft. 4., überarbeitete und erweiterte Auflage. Opladen: Leske + Budrich, S. 261-276.

Schmidt, Manfred G. 2000: Demokratietheorien. Eine Einführung. 3., überarbeitete und erweiterte Auflage. Opladen: Leske + Budrich.

Schmidt, Manfred G. 1993: Theorien in der international vergleichenden Staatstätigkeitsforschung. In: Héritier, Adrienne (Hrsg.): Policy-Analyse. Kritik und Neuorientierung. Opladen: Westdeutscher Verlag (Politische Vierteljahresschrift, Sonderheft, 24), S. 371-394.

Schmidt, Manfred G./Ostheim, Tobias 2007: Politisch-institutionalistische Theorien. In: Schmidt, Manfred G./Ostheim, Tobias/Siegel, Nico A./Zohlnhöfer , Reimut (Hrsg.): Der Wohlfahrtsstaat. Eine Einführung in den historischen und internationalen Vergleich. Wiesbaden: VS Verlag für Sozialwissenschaften, S. 63-74.

Schneider, Volker/Janning, Frank 2006: Politikfeldanalyse. Akteure, Diskurse und Netzwerke der öffentlichen Politik. Wiesbaden: VS Verlag für Sozialwissenschaften.

Schultze, Rainer-Olaf 2005a: Demokratie. In: Nohlen, Dieter/Schultze, Rainer-Olaf (Hrsg.): Lexikon der Politikwissenschaft. Theorien, Methoden, Begriffe. 3., aktualisierte und erweiterte Auflage. München: Verlag C.H. Beck, S. 128-132.

Schultze, Rainer-Olaf 2005b: Ungleichheit. In: Nohlen, Dieter/Schultze, Rainer-Olaf (Hrsg.): Lexikon der Politikwissenschaft. Theorien, Methoden, Begriffe. 3., aktualisierte und erweiterte Auflage. München: Verlag C.H. Beck, S. 1050-1051.

Schürz, Martin/Schlager, Christa 2009: Dimensionen sozialer Ungleichheit. In: Oesterreichische Nationalbank (OeNB) Stability and Security 16, S. 9-27.

Shin, Inyong 2012: Income Inequality and Economic Growth. In: Economic Modelling 29, S. 2049-2057.

Simpson, Miles 1990: Political Rights and Income Inequality: A Cross-National Test. In: American Sociological Review 55 (5), S. 682-693.

Singer, Otto 1993: Policy Communities und Diskurs-Koalitionen: Experten und Expertise in der Wirtschaftspolitik. In: Héritier, Adrienne (Hrsg.): Policy-Analyse. Kritik und Neuorientierung. Opladen: Westdeutscher Verlag (Politische Vierteljahresschrift, Sonderheft, 24), S. 149-174.

Sirowy, Larry/Inkeles, Alex 1990: The Effects of Democracy on Economic Growth and Inequality: A Review. In: Studies in Comparative International Development 25 (1), S. 126-157.

Sodaro, Michael J. 2008: The Politics of Development. In: Sodaro, Michael J. (Hrsg.): Comparative Politics. A Global Introduction. Third edition. Boston u. a.: McGraw-Hill, S. 366-391.

Solt, Frederick 2013: The Standardized World Income Inequality Database. Version 4. In: Teorell, Jan/Charron, Nicholas/Dahlberg, Stefan/Holmberg, Sören/Rothstein, Bo/Sundin, Petrus/Svensson, Richard. In: The Quality of Government Dataset, version 15May13. University of Gothenburg: The Quality of Government Institute, http://www.qog.pol.gu.se, zugegriffen am 01.12.2013.

Solt, Frederick 2009: Standardizing the World Income Inequality Database. In: Social Science Quarterly 90 (2), S. 231-242.

Spero, Joan E./Hart, Jeffrey A. 2010: The Politics of International Economic Relations. 7th Edition. Australia: Wadsworth Cengage Learning.

Tabachnick, Barbara G./Fidell Linda S. 1996: Using Multivariate Statistics. Third Edition. New York: Harber Collins College Publishers.

Thibaut, Bernhard 2005: Regime-Wechsel. In: Nohlen, Dieter/Schultze, Rainer-Olaf (Hrsg.): Lexikon der Politikwissenschaft. Theorien, Methoden, Begriffe. 3., aktualisierte und erweiterte Auflage. München: Verlag C.H. Beck, S. 846-847.

UNCTAD-STAT (United Nations Conference on Trade and Development Statistics) (2012): Foreign direct investment. Flows and stock. In: http://unctadstat.unctad.org/ReportFolders/-reportFolders.aspx, zugegriffen am 13.02.2014.

UNDP (United Nations Development Programme) 2003: Human Development Report. Millennium Development Goals: A compact among nations to end human poverty. Oxford/New York: Oxford University Press.

UNSTATS (United Nations Statistics Division) 2013: Countries or areas, codes and abbreviations. In: http://unstats.un.org/unsd/methods/m49/m49alpha.htm, zugegriffen am 12.03.2014.

Urban, Dieter/Mayerl, Jochen 2011: Regressionsanalyse: Theorie, Technik und Anwendung. 4., überarbeitete und erweiterte Auflage. Wiesbaden: VS Verlag für Sozialwissenschaften.

Wallerstein, Immanuel 2007: World-Systems Analysis. An Introduction. Durham/London: Duke University Press.

World Bank 2014: World Development Indicators. In: http://databank.worldbank.org/data/-views/variableselection/selectvariables.aspx?source=world-development-indicators, zugegriffen am 14.02.2014.

World Bank 2013: World Development Indicators. In: Teorell, Jan/Charron, Nicholas/Dahlberg, Stefan/Holmberg, Sören/Rothstein, Bo/Sundin, Petrus/Svensson, Richard. In: The Quality of Government Dataset, version 15May13. University of Gothenburg: The Quality of Government Institute, http://www.qog.pol.gu.se, zugegriffen am 01.12.2013.

Zohlnhöfer, Reimut 2008: Stand und Perspektiven der vergleichenden Staatstätigkeitsforschung. In: Janning, Frank/Toens, Katrin (Hrsg.): Die Zukunft der Policy-Forschung. Theorien, Methoden, Anwendungen. Wiesbaden: VS Verlag für Sozialwissenschaften, S. 157-174.

Zürn, Michael 2013: Globalization and Global Governance. In: Carlsnaes, Walter/Risse, Thomas/Simmons, Beth A. (Hrsg.): Handbook of International Relations. Los Angeles u. a.: Sage, S. 401-425.

12. Anhang

Tabelle A1: Deskriptive Statistiken der unabhängigen Variablen, 1980-1997

	Mittel- wert	Median	dard- abwei-	Schiefe	Kurtosis	Mini- mum	Maxi- mum
Demokratiegrad	9.37	9.67	2.61	-.58	.53	2.9 (CUB)	13.72 (CRI)
Linke Parteien	-.04	-.02	.17	-.16	.92	-.44 (SLV)	.35 (TTO)
Ökon. Entwicklung	5.75	5.63	2.76	.58	.07	1.25 (HTI)	12.27 (TTO)
Bildungsgrad	55.65	55.46	18.09	-.31	-.73	20.71 (HTI)	82.54 (CUB)
Bevölkerungswachstum	1.79	2.05	.78	-1.01	.67	-.30 (GUY)	2.82 (HND)
Kapitaloffenheit	14.82	9.43	12.90	1.84	2.43	4.82 (MEX)	46.86 (TTO)
Handelsoffenheit	61.89	54.65	38.23	1.79	3.51	16.36 (ARG)	171.36 (GUY)
Inflation	142.89	23.50	244.52	1.94	2.37	-12.13 (NIC)	773.66 (BOL)
Bevölkerungsgröße	180.53	67.04	321.46	3.24	11.27	7.14 (GUY)	1451.18 (BRA)

Anmerkungen: N=24; Operationalisierung und Quelle der Daten siehe *Tabelle 1*; eigene Berechnungen.

Tabelle A2: Deskriptive Statistiken der unabhängigen Variablen, 1998-2008

	Mittel-wert	Median	dard-abwei-	Schiefe	Kurtosis	Minimum	Maxi-mum
Demokratiegrad	10.48	10.91	2.66	-1.58	.47	2.09 (CUB)	14.00 (DOM)
Linke Parteien	-.01	-.02	.22	.48	.91	-.52 (PRY)	.49 (TTO)
Ökon. Entwicklung	6.84	6.22	4.00	.78	1.06	.64 (JAM)	17.89 (TTO)
Bildungsgrad	72.50	73.00	15.23	-.54	-.04	36.06 (HTI)	98.67 (URY)
Bevölkerungswachstum	1.31	1.39	.64	-.37	-.92	.22 (URY)	2.43 (GTM)
Kapitaloffenheit	33.38	26.97	20.72	.98	.04	4.22 (HTI)	82.24 (TTO)
Handelsoffenheit	73.50	62.01	41.08	1.86	4.51	24.64 (BRA)	210.92 (GUY)
Inflation	9.15	8.32	6.13	1.75	3.76	.83 (ARG)	27.87 (SUR)
Bevölkerungsgröße	230.37	89.01	402.37	3.20	10.99	7.40 (GUY)	1811.57 (BRA)

Anmerkungen: N=24; Operationalisierung und Quelle der Daten siehe *Tabelle 1*; eigene Berechnungen.

Tabelle A3: Bivariate Korrelationen der unabhängigen Variablen, 1980-1997

	Linke Parteien	Demokratie	Ökonomische Ent-	Bildungsgrad	Bevölkerungs-	Kapitaloffenheit	Handelsoffenehit	Inflation	Bev.größe
Linke Partei-	1								
Demokratie	.321	1							
Ökon. Ent-	.353	.447	1						
Bildungs-	.398	.176	.485	1					
Bev.wachstu	-.237	.157	-.120	.657	1				
Kapitalof-	.092	.068	.319	.439	-.219	1			
Handels-	.113	-.016	-.171	.246	-.362	.505	1		
Inflation	-.040	.086	.087	.305	.096	-.108	-.406	1	
Bev.größe	-.097	.031	.335	.032	.081	-.213	-.429	.474	1

Anmerkungen: ***p<.01, **p<0.05, *p<0.1; N=24; Korrelation nach Pearson; Operationalisierung und Quelle der Daten: siehe *Tabelle 1*; eigene Berechnungen.

Tabelle A4: Bivariate Korrelationen der unabhängigen Variablen, 1998-2008

	Linke Parteien	Demokratie	Ökonomische Ent-	Bildungsgrad	Bev.-wachstum	Kapital-offenheit	Handels-offenheit	Inflation	Bev.größe
Linke Partei-	1								
Demokratie	.077	1							
Ökon. Ent-	.224	.294	1						
Bildungs-	.316	.303	.411	1					
Bev.wachstu	-.398	.006	-.231	-.641	1				
Kapitalof-	.426	.250	.256	.417	-.278	1			
Handels-	.295	.317	-.176	.029	-.013	-.566	1		
Inflation	-.049	-.051	-.227	-.256	.160	-.205	-.093	1	
Bev.größe	.135	-.077	.251	.066	.003	-.299	-.421	-.181	1

Anmerkungen: ***p<.01, **p<0.05, *p<0.1; N=24; Korrelation nach Pearson; Operationalisierung und Quelle der Daten: siehe *Tabelle 1*; eigene Berechnungen.

Überprüfung der Modellannahmen (*Modell 2* in *Tabelle 8a*)

Für das *Modell 2* in *Tabelle 8a*, das die höchste Erklärungskraft der Varianz der abhängigen Variablen ökonomische Ungleichheit aufweist, werden im Folgenden die Modellannahmen der OLS-Regressionsanalyse überprüft.

Normalverteilung der Residuen

Anhand des Q-Q-Diagramm in *Abbildung A5* können die standardisierten Residuen als annähernd normalverteilt werden. Dies trifft auch zu, wenn man das Verhältnis von Schiefe (-.244) und dem Standardfehler der Schiefe (.472) sowie von Kurtosis (-.955) und dem Standardfeher der Kurtosis (.918) der standardisierten Residuen betrachtet: |Verhältnis Schiefe/Standardfehler der Schiefe = |.517| < |2|, |Verhältnis Kurtosis/Standardfehler der Kurtosis = |1.04| < |2|. Insgesamt ist aber die geringe Fallzahl zu beachten.

Abbildung A1: Q-Q-Diagramm der standardisierten Residuen

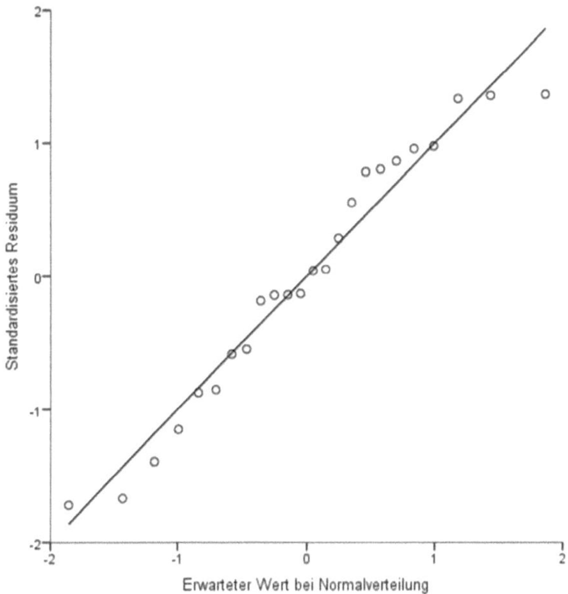

Linearität

Tabelle A5 und *A6* testen auf quadratische Effekte des politischen Regimetyps und ökonomischer Entwicklung auf Ungleichheit. In empirischen Analysen des Zusammenhangs zwischen dem politischen Regimetyp und Ungleichheit zwischen Entwicklungsländern wird teilweise ein kurvilinearer Zusammenhang in Form eines umgekehrten ‚U' gefunden (siehe *Kapitel 4*). Modernisierungstheoretische Erklärungsansätze gehen von einem kurvilinearen Zusammenhang in Form eines umgekehrten ‚U' auf Ungleichheit aus. Beides bestätigt sich hier nicht. Die quadratischen Effekte tragen nicht signifikant zur Erklärungskraft der Modelle bei. Weitere Tests der Linearitätsannahme wurden hier nicht durchgeführt, da in die Regressionsmodelle aufgrund der geringen Fallzahl nur zwei Prädiktoren aufgenommen wurden.

Tabelle A5: Überprüfung der Nichtlinearität des Effekts des politischen Regimetyps

UV	1980-1997 b *beta*	Sig.	1998-2008 b *beta*	Sig.
Konstante	49.320 -	***	48.767 -	***
Regimetyp	-1.020 *-.560*	**	-.828 *-.506*	*
Regimetyp²	-.158 *-.324*		-.083 *-.288*	
R^2	.286		.141	
Sig. Veränderung in R^2	n. s.		n. s.	

Anmerkungen: *** <.01, ** <.05, *<.1; b = unstandardisierter Regressionskoeffizient; beta = standardisierter Regressionskoeffizient; Sig. = Signifikanz; n. s. = nicht signifikant; Operationalisierung und Quelle der Daten: siehe *Tabelle 1*, Der Indikator des politischen Regimetyps ist zur Vermeidung von Kollinearität mittelwertzentriert, eigene Berechnungen.

Tabelle A6: Überprüfung der Nichtlinearität des Effekts ökonomischer Entwicklung

UV	1980-1997 B Beta	Sig.	1998-2008 B Beta	Sig.
Konstante	49.083 -	***	48.918 -	***
Ökonomische Entwicklung	-.792 -.455	**	-.470 -.430	**
Ökonomische Entwicklung²	-.109 -.227		-.047 -.272	
R^2	.342		.368	
Sig. Veränderung in R^2	n. s.		n. s.	

Anmerkungen: *** <.01, ** <.05, *<.1; b = unstandardisierter Regressionskoeffizient; beta = standardisierter Regressionskoeffizient; Sig. = Signifikanz; n. s. = nicht signifikant; Operationalisierung und Quelle der Daten: siehe Tabelle 1, Der Indikator ökonomischer Entwicklung ist zur Vermeidung von Kollinearität mittelwertzentriert, eigene Berechnungen.

Streuungsgleichheit (Homoskedastizität)

In *Abbildung A2* und *A3* wird die Annahme der Streuungsgleichheit der OLS-Regression anhand der partiellen Residuen-Streudiagramme überprüft. Aufgrund der geringen Fallzahl wurden die unabhängigen Variablen - linke Parteien und ökonomische Entwicklung - dichotomisiert anhand eines Mediansplits. Die Verteilungen können bei Berücksichtigung der Ausreißer - GUY und TTO - als einigermaßen streuungsgleich betrachtet werden.

Abbildung A2: Partielles Residuumstreudiagramm (Linke Parteien)

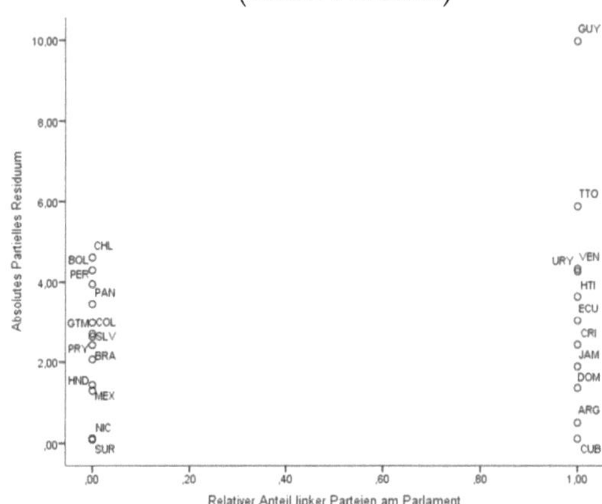

Abbildung A3: Partielles Residuumstreudiagramm (Ökonomische Entwicklung)

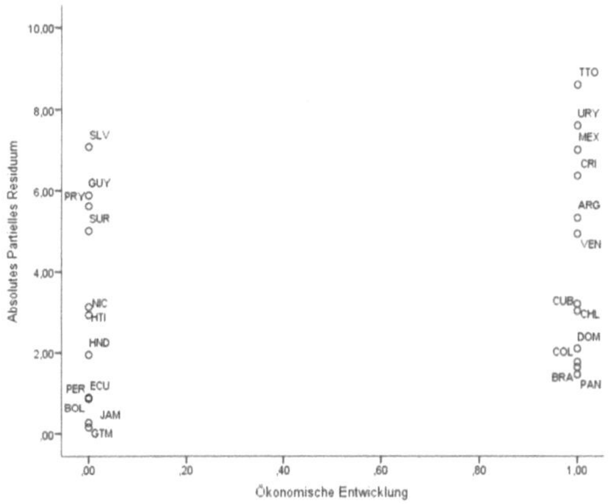

Zeitfracht Medien GmbH
Ferdinand-Jühlke-Straße 7
99095 Erfurt, Deutschland
produktsicherheit@kolibri360.de